Élodie Denis & Jonas Mary

LA PHILO DES SUPER-HÉROS

★

Direction éditoriale : Stéphane Chabenat
Éditrice : Clotilde Alaguillaume
Conception graphique : Emmanuelle Noël
Conception couverture : MaGwen

★

Les Éditions de l'Opportun
16 rue Dupetit-Thouars
75003 Paris

★

www. editionsopportun.com

★ Sommaire ★

Introduction

La Philo des super-héros ? De prime abord, l'idée de faire rimer « comics » et « philosophique » peut sembler déroutante, voire de l'ordre de la dinguerie ou du caprice. Qui croirait qu'on peut faire de la philo avec des histoires parfois réputées (à tort !) pour enfants ?

Le mordu de bande dessinée, lui, ne s'en étonne pas, justement parce qu'il connaît les méditations métaphysiques du *Surfeur d'Argent*, a vu cité Nietzsche ou croisé les noms de Camus et Sartre chez le *Daredevil* d'Ann Nocenti, et a savouré les dilemmes moraux imposés à Batman au cours de ses aventures. C'est qu'au fur et à mesure des (re)lectures de BD et de penseurs classiques, l'intuition se fait évidence : l'univers des comics constitue une formidable matière à philosopher, et les super-héros (en bande dessinée comme sur grand écran) s'avèrent à bien des égards les meilleurs philosophes de l'univers !

Socrate sauvé par les Gardiens de la Galaxie ?

Mai 2017… Chaleur dans les salles de classe, à l'approche des épreuves du bac. Le prof de philo peine à intéresser ses élèves avec son extrait du *Phèdre* de Platon :

« Platon fait dire à Socrate : "*L'âme ressemble à une force composée d'un attelage et d'un cocher ailés. Chez les dieux, chevaux et cochers sont également bons et de bonne race. Chez nous, le cocher gouverne l'attelage, mais l'un des deux chevaux est excellent, l'autre est tout le contraire et par lui-même, et par son origine. Il s'ensuit fatalement que c'est une tâche pénible et malaisée de tenir les rênes de notre âme.*" Qu'entend par là le philosophe grec ? »

Silence de mort.

« Si je vous dis qu'un autre passage décrit mieux cet attelage. Il nous dit que le premier de ces chevaux est un cheval blanc, beau et fort, qui aime la prudence et la modération mais aussi la vérité. Si bien qu'il n'a pas besoin d'être frappé pour être conduit : la parole encourageante lui suffit. L'autre cheval, en revanche, est noir, mal bâti et c'est surtout un compagnon de la démesure, du désir et de la vanité. Pour le conduire, le cocher doit donc donner des coups de fouet… Pensez-vous qu'un tel attelage soit facile à diriger ? Qu'est-ce que ce mythe raconte de notre âme ? »

Grand moment de solitude.

« Bon... Et au début des *Gardiens de la Galaxie II*. Quand Star-Lord, Gamora, Rocket et les autres s'enfuient, poursuivis par les Souverains, et qu'ils sont sur le point de traverser un champ d'astéroïdes, qui pilote ?

— Star-Lord et Rocket ! se réveille un élève.

— Et tout se passe bien ? reprend le prof. Ils sont d'accord sur la marche à suivre ? Et puis d'ailleurs, qu'est-ce qu'ils font dans cette situation ?

— Rocket a volé un truc très précieux aux Souverains, c'est pour ça qu'ils sont pris en chasse. Du coup, ils se disputent pour garder la main... Chacun se prétend « le meilleur pilote de la galaxie ».

— Et ces deux pilotes, ils sont pareils ?

— Non, Star-Lord est un demi-dieu et Rocket une sorte de raton-laveur génétiquement modifié et qui se met tout le temps en colère !

— Très bien. Alors selon vous, dans le film, qui est le cheval blanc raisonnable, comparable aux montures des dieux, et qui incarne l'étalon fougueux pétri de désir, qui entraîne tout l'équipage à sa perte ?

— Star-Lord, c'est le bon cheval, bien sûr ! Et Rocket l'obstiné, qui leur cause des ennuis en piquant des trucs, sans le dire aux autres en plus.

— Eh bien, dites-vous que l'âme humaine est, pour Platon, comparable à ce vaisseau en déroute : pour lui, les âmes des dieux sont dénuées de désirs ou d'appétits vils et terrestres, si bien qu'elles évoluent sans peine, comme un vaisseau bien orienté, dans le ciel des idées et de la vérité. C'est pourquoi il parle d'un attelage de chevaux ailés bien dressés, qui respectent le cocher et avancent dans une même direction. Un peu comme le vaisseau du dieu Ego qu'ils croisent à ce moment du film, qui est bien stable à côté du leur. Alors que l'âme humaine est sans cesse gênée dans sa quête de connaissances par ses désirs qui la freinent et la déstabilisent. Comme le vaisseau des Gardiens...

— Mais ça peut pas être l'âme humaine..., ils finissent par s'écraser !

— Exactement ! Et le passage de Platon dont je vous parlais finit d'ailleurs de la même façon : à cause de son caractère désordonné et mélangé, l'âme humaine peine à suivre le cortège de Zeus et s'échoue sur Terre.

Platon, auteur de comics avant la lettre ?

Sonnerie qui retentit, et sourire du prof qui se réjouit du coup de main apporté par les comics *via* le carton ciné du moment. Tout en espérant que les étudiants parleront davantage de chars ailés platoniciens dans leurs copies que de vaisseaux extraterrestres...

On peut s'interroger malgré tout sur le bien-fondé de la philosophie par l'image... C'est que Platon lui-même ne se prive pas de critiquer le recours à l'analogie. Il ira dans sa *République* jusqu'à exclure les poètes de sa cité idéale. Mais dans le même temps, il emploie pas moins d'une quinzaine de mythes dans son œuvre ! Et pas comme de simples « pauses divertissantes » pour contrebalancer la densité du discours philosophique. Non ! Comme avec l'épisode du char ailé dans *Phèdre*, **les mythes lui servent à exposer sous forme de récit des thèses qui sembleraient trop fastidieuses à soutenir conceptuellement**.

On se dit alors que, dans cette alternance d'*images* et de texte, l'œuvre de Platon opère parfois comme une bande dessinée. Et on se souvient... Qui a inventé l'Atlantide, patrie du héros Aquaman ? On vous le donne en mille : Platon ! Ou plutôt Socrate, et ses interlocuteurs, dans deux dialogues philosophiques : Le *Timée* et le *Critias*.

Socrate, le premier super-héros ?

Socrate est d'ailleurs le personnage principal des dialogues platoniciens. Pour aller vite, il était un peu le « prof de philo » de Platon, et on le considère aujourd'hui comme l'inventeur de la discipline, rien que ça. S'il y a bien eu des penseurs avant lui, qui s'interrogeaient sur le monde, on reconnaît en Socrate un tel tournant qu'on en fait un repère pour l'histoire de la pensée : avant lui, on les appelle « présocratiques », après lui, on parle de philosophie.

Ce cher Socrate n'a pourtant rien écrit, et c'est à travers les BD, pardon les essais de Platon qu'on a pu accéder à son enseignement. On y découvre un personnage extrêmement laid, mais d'une beauté intérieure immense, maître penseur..., qui refuse de se revendiquer comme savant. Un héros de la guerre aussi (il a sauvé la vie d'Alcibiade, l'homme d'État grec, durant le siège de Potidée !) qui préfère fuir la gloire et les honneurs. Une sorte de révolutionnaire enfin..., mais qui refuse de contrevenir aux lois, même injustes. Toutes ces contradictions en font un individu hors du commun, que ses contemporains désignent d'ailleurs comme « le meilleur d'entre tous ». Une sorte de super-héros de la pensée en somme. Sauf que Socrate ne *veut pas* écrire.

Un peu comme nous qui préférons faire dialoguer comics et philo plutôt que de nous lancer dans la rédaction d'un essai aride, il privilégie le dialogue à l'enseignement dogmatique et « unilatéral » : il aime poser des questions à ses interlocuteurs, et les amener à découvrir la vérité par eux-mêmes. Platon, subjugué par ce héros de la pensée, a voulu constituer un témoignage sur sa pratique. Mais comment faire ? Le maître dénonce en effet le recours au texte écrit. Selon lui, l'écrit fige, et le texte devient une sorte « d'enfant mort-né », une parole défunte. Le texte, dit-il dans *Phèdre*, « répond toujours les mêmes choses aux questions qu'on lui pose », et se trouve bien incapable de se défendre des contresens. Voilà quelques-uns des griefs que Socrate formule à l'égard de l'écrit, et ce au nom d'une parole vivante, imprévisible..., une pensée en actes.

En repensant à cela, on a une fulgurance : Platon a entendu la critique de Socrate, et il est resté marqué par les mises en garde de son maître. Sauf que l'envie de témoigner de sa philosophie hors du commun était plus forte. Face à un tel dilemme (écrire ou ne pas écrire ?), nous croyons que sa solution, il l'a trouvée avec le mythe et le récit par les images poétiques. Leur dynamisme, mais aussi leur ambiguïté, et l'activité interprétative qu'elles nécessitent chez le lecteur lui ont certainement semblé « compenser » la fixité de l'écrit. Par le mythe, Platon a ainsi réussi à injecter de la vivacité et de l'interaction avec le lecteur dans l'écrit philosophique.

En définitive, il y a de la philosophie dans les comics !

Et s'il y a du proto-comics dans la philosophie, comme en témoignent les mythes platoniciens, on se rend vite compte qu'il y a aussi de la philo dans les comics. D'où le fait qu'ils aient attiré l'attention de penseurs tels que Umberto Eco... Et de la philosophie, pas n'importe comment : en action ! Car les aventures des super-héros, comme ce livre en témoigne, recèlent des problématiques existentielles, politiques, morales, etc. La moindre œuvre, jusqu'au blockbuster du moment, *Les Gardiens de la Galaxie vol. 2*, s'avère en effet aussi « philosophante » que « philosophable » ! Pourquoi ? Parce qu'elle est un produit culturel et artistique humain dans lequel les auteurs mettent en scène leurs questionnements sur le monde..., mais aussi sur leur activité artistique elle-même !

Dès lors, on s'aperçoit qu'il est possible de philosopher en rêvant, en frissonnant mais aussi en riant ! Dans *Le Monde comme volonté et comme représentation*, le philosophe Schopenhauer se nourrit ainsi de fiction (comique) pour avancer : « *Don Quichotte* exprime allégoriquement la vie de tout homme qui ne se contente pas, comme les autres, de suivre son propre bonheur, mais veut atteindre un but objectif, idéal, qui s'est emparé de sa pensée et de sa volonté ; ce qui lui donne, dans ce monde, une attitude singulière. » Nous avons, comme lui (et comme Simone Weil méditant sur les *Contes de Grimm*) choisi de philosopher à partir d'une matière narrative. La seule différence ? Nous l'avons choisie en couleurs, américaine et estampillée « Marvel » ou « DC Comics ».

Une nouvelle aventure commence

Pour vous présenter les implications philosophiques qui émergent des aventures de nos super-héros favoris, nous avons sélectionné une série de questions portant sur certains thèmes majeurs de la discipline : la technique, la nature, la vérité, la perception, le temps... Et nous avons tenté de répondre à ces questions à l'aide des philosophes et de leurs *sidekicks* super-héroïques, dont vous trouverez (pour les principaux) une présentation à la fin de l'ouvrage. Mais nous avons également souhaité mettre en lumière le contenu philosophique des comics, et les problématiques que certains personnages, univers ou super-pouvoirs pouvaient soulever.

Peut-on se fier à ses sens ? Allez donc voir ce qu'en pensent Rousseau & Daredevil à l'épisode #08. La loi est-elle toujours légitime ? Nul doute que Kant, Socrate et Captain America auront beaucoup à dire sur le sujet dans l'épisode #05. Parce qu'ils en disent, des trucs intelligents, nos super-héros ! Et vous pourrez constater que la philosophie existentialiste de Sartre et les déboires de Kick-Ass ont beaucoup en partage, tout comme les théories de Schopenhauer et les aventures de Green Lantern... Les Gardiens de la Galaxie, que nous évoquions précédemment, enfileront parfois leur costume de Gardiens de la Philosophie, et nous aideront par moments à réhabiliter une pensée ou une phrase célèbre. Trop célèbre, peut-être, à l'instar du « Je pense donc je suis » de Descartes, qu'on emploie à tort et à travers sans plus réellement savoir ce qu'elle signifie. Enfin, libre à vous de naviguer comme vous l'entendez : de la première à la dernière page, ou alors selon l'ordre de vos préférences.

Pour vous faire découvrir les liens qui unissent ces deux univers passionnants, nous nous sommes avant tout inspirés de nos expériences de (vrais) lecteurs de comics et de philo (comme quoi !).

La sélection d'œuvres que vous trouverez dans le livre ne prétend donc pas, malgré nos efforts, à une quelconque exhaustivité, et sera pour la majeure partie du livre traduite par nos soins. Vous trouverez en revanche pour chaque œuvre ses références (dont sa numérotation américaine originale dans le cas des comics), grâce auxquelles vous pourrez l'explorer par vous-mêmes. Ce que nous vous conseillons, et pour tout dire, ce que nous vous souhaitons.

Alors bonne lecture et bonne balade, avec ou sans vaisseau spatial !

« Mais au fait, c'est quoi, un super-héros ? »

La question qui tue…

Vous aurez remarqué qu'on se propose de parler non pas de philosophie des comics en général, mais de la « philo des super-héros ». L'enjeu est plus restreint, mais nous invite tout de même à définir précisément notre sujet. Et c'est là que ça se complique...

En quête d'une super-définition

« Un super-héros ? C'est... ben..., c'est un super-héros, quoi ! » On se trouve bien en peine quand on doit précisément définir le super-héros. Ça devrait pourtant être facile, puisque nous savons les reconnaître au premier coup d'œil : une cape, un masque, des collants, et *chding !*, avec cette panoplie, on pense « super-héros ».

Si nous savons très bien les identifier, à l'aide d'une sorte de connaissance non verbale, intuitive, nous avons en revanche un certain mal à les définir correctement. Cette difficulté n'est d'ailleurs pas sans rappeler le sentiment que décrivait saint Augustin au sujet de la nature du temps :

« Si personne ne me le demande, je le sais ; mais que je veuille l'expliquer à la demande, je ne le sais pas[1]. » Mais nous verrons cette notion plus tard. Pour l'heure, consacrons-nous à la première question qui va agiter nos neurones : c'est quoi, un super-héros ?

Et il est d'autant plus nécessaire de rester concentré qu'une voix se fait déjà entendre : « Ah, ah, pauvres fous, vous n'y arriverez jamais ! Il y a bien trop de variétés dans les comics pour ça, c'est pas pour rien qu'on appelle Marvel "La Maison des idées" depuis plus de cinquante ans ! » Vous venez de faire connaissance avec le terrible Docteur Je-Sais-Tue et ses super-pouvoirs du sarcasme et de la négativité (voir tout de suite la galerie des personnages pour faire connaissance avec lui).

Mais ne nous laissons pas intimider et tentons d'apporter notre propre réponse, en commençant par vérifier la façon dont les dictionnaires définissent les super-héros. *Le Petit Robert*, qui n'est pas très bavard sur le sujet[2], nous explique que le super-héros est « un personnage fantastique doué de pouvoirs sur-humains ». Ce à quoi on a

1. Saint Augustin, *Confessions*, vers 400.

2. Ni très en avance d'ailleurs, le terme « super-héros » ayant rejoint ses pages en 2015.

un peu envie de répondre : « San Goku[3] aussi est un personnage fantastique doué de pouvoirs surhumains, pourtant, c'est pas un super-héros. Na ! » Tournons-nous alors vers le *Larousse*, un brin plus disert, lequel définit le super-héros comme suit : « Dans les comics, [un] héros aux pouvoirs extraordinaires combattant des menaces contre lesquelles les forces de l'ordre traditionnelles restent impuissantes. » C'est mieux. Mais là encore, est-ce suffisant pour prétendre *définir* les super-héros ?

Pour le savoir, observons ces deux définitions plus attentivement. Dans un premier temps, constatons qu'elles décrivent correctement un personnage comme Superman. C'est déjà ça, direz-vous. Mais une *description* valide de Superman constitue-t-elle une bonne *définition* des super-héros en général ? Non, bien sûr, sans quoi nous pourrions définir le super-héros comme « un mec plus intelligent que les autres qui, contre toute attente, porte son slip par-dessus ses collants ». Mais surtout, ces définitions ne conviennent pas à de nombreux super-héros, alors qu'elles englobent dans le même temps des personnages qui n'en sont pas. Or, notre définition, pour être satisfaisante, se devra d'être exhaustive (décrire

3. Héros de la série de mangas *Dragon Ball*.

correctement *tous* les super-héros) et exclusive (décrire *uniquement* les super-héros).

Pour ce faire, essayons de déterminer quels éléments sont constitutifs et caractéristiques du super-héros. Après un rapide examen, ce dernier semble répondre à quatre critères principaux :

– il est doté de super-pouvoirs ;

– il officie dans un costume (le plus souvent en Lycra) ;

– il vit sous une double identité ;

– il œuvre pour le Bien commun.

Auxquels nous pouvons ajouter :

– il s'agit toujours d'un personnage imaginaire ;

– il est le plus souvent humain ;

– il apparaît généralement dans les comics américains.

Ces critères circonscrivent la notion de super-héros, et forment un faisceau de signes qui nous permettent de les identifier immédiatement[4]. Mais ces symboles (cette *grammaire symbolique*, comme diraient les sémiologues, les spécialistes

4. Y compris hors des comics. Par exemple, lorsque la ville de Pantin (93) s'offre en 2016 une campagne d'affichage montrant le dessin d'un homme masqué et en cape, assorti du message : « Le droit de vote, un super-pouvoir », nous reconnaissons immédiatement un super-héros grâce aux signes soulignés.

des signes) ne sauraient constituer une définition rigoureuse, c'est-à-dire à la fois exhaustive et exclusive, car elle nous laisse encore avec de (trop) nombreux contre-exemples :

– **Batman** n'a aucun super-pouvoir ;

– les **X-Men** n'ont pas toujours besoin de costume ;

– **Captain America** n'a pas d'identité secrète ;

Pire (et c'est le comble de la vilenie pour une définition !), elle convient dans le même temps à des personnages qui ne sont pas des super-héros :

– **E.T. l'extraterrestre** dispose lui aussi de super-pouvoirs ;

– **Robin des Bois** officie dans un costume (qui plus est, avec des collants cousus main dans un genre de Lycra de l'époque) ;

– **Zorro** œuvre pour le Bien commun, dans un costume (avec masque et cape, s'il vous plaît), sous une double identité… Ce n'est d'ailleurs pas un hasard si c'est à la sortie d'une projection du *Masque de Zorro* que les parents du jeune Bruce Wayne sont abattus…

Mince ! Notre définition reste à compléter, puisque de nombreux super-héros lui échappent et qu'elle décrit des personnages comme E.T., Zorro ou Robin des Bois qui, si on peut les trouver *cool*, ne sont à l'évidence pas des super-héros.

On fait le point

Il semble que pour apporter une définition satisfaisante (exhaustive et exclusive) des super-héros, nous allons devoir dépasser la simple description par les signes extérieurs. Mais comment faire ?

En réalité, si notre description en quatre points est trop limitée, c'est qu'il faut faire le tri : certaines de ces caractéristiques sont *suffisantes* pour faire d'un personnage un super-héros, alors que d'autres sont *nécessaires*.

Pour commencer, intéressons-nous au premier critère essentiel : faire le Bien. Le super-héros œuvre pour le Bien, c'est comme ça, c'est *nécessaire*. Un personnage de bande dessinée peut avoir tous les super-pouvoirs que vous voulez, et porter autant de Lycra que possible ; s'il n'œuvre pas pour le Bien, s'il ne cherche pas à rendre la justice ou à réparer l'injustice, ça n'est pas un super-héros. D'ailleurs, vous ne connaissez pas de super-héros dont les aventures consistent à polluer les océans ou à racketter des petites vieilles… C'est normal, faire le Bien est *constitutif* de la figure du super-héros : cette caractéristique est *nécessaire*. Mais elle n'est pas *suffisante* : l'abbé Pierre n'a jamais pu prétendre au titre de super-héros, pas plus que Flipper le dauphin, ne serait-ce que pour son incapacité manifeste à enfiler une paire de collants.

Le seul critère tout à fait déterminant, c'est-à-dire qui soit à la fois suffisant *et* nécessaire, semble être le fait que le super-héros doit être *annoncé comme un super-héros* par son auteur et/ou son support (bande dessinée, film, jeu vidéo, etc.). Aussi bien chez Marvel, à l'aide des épithètes accolées aux noms des héros et de leur magazine respectif (*Amazing* Spider-Man, *Incredible* Hulk, *Invincible* Iron-Man, *Uncanny* X-Men, etc[5].) que chez DC Comics qui est encore moins subtil et crée l'effet d'annonce directement à l'aide du nom du personnage (*Super*man, Captain *Marvel, Wonder* Woman, etc.). Certains héros dérogent à cette règle, c'est alors le nom du magazine (*Marvel Tales*, *Action Comics*, etc.) qui se charge d'annoncer le caractère super-héroïque de son personnage. De nos jours, le simple nom de l'éditeur Marvel ou DC Comics suffit à indiquer au lecteur qu'il va lire une aventure de super-héros. Ce qui n'est pas le cas

5. Qui signifient respectivement « stupéfiant », « incroyable », « invincible », « étrange ».

avec des labels comme Vertigo ou Image Comics, qui publient toutes sortes de bandes dessinées.

Pourquoi le super-héros porte-t-il un costume ?

Le **Costume** du héros constitue lui aussi un effet d'annonce très important. Comme nous l'avons vu, une immense majorité de super-héros portent un costume, et ce savant mélange de justaucorps, cape et collants (inspiré des tenues des acrobates de cirque) nous suffit bien souvent pour identifier un super-héros. Mais alors, qu'est-ce qui pousse nos super-héros à se costumer ainsi alors que ça n'est même pas carnaval ou Halloween ?

Pour **Spider-Man**, c'est très simple : il s'agit de préserver son anonymat et surtout de protéger son entourage, puisque le garçon est resté un peu à cran depuis qu'il a perdu son oncle Ben et Gwen Stacy, son premier amour.

Batman, justicier nocturne, souhaite quant à lui inspirer la peur. Pour ce faire, son costume lui permet de se dissimuler dans l'obscurité (d'où le choix de la chauve-souris), mais également de créer un symbole, une idée, qui dépasse l'homme qui le porte.

Les **Watchmen**, enfin, apportent avec le costume une réponse proportionnée à une nouvelle criminalité. Dans le New York dépeint par Alan Moore et Dave Gibbons (voir épisode #12), on voit apparaître dans les années 1950 une génération de braqueurs de banque qui ne se costument plus uniquement pour protéger leur identité, mais également pour plaider la folie et échapper à la prison lorsqu'ils se font arrêter. Ainsi, dans *Watchmen*, le justicier masqué est une réponse à une nouvelle sorte de criminalité, réponse qui enfantera elle-même avec le temps des super-vilains.

Les auteurs de comics ont d'ailleurs développé l'importance du costume en prenant en compte ses contraintes de fabrication, réparation, vente et achat. Comme lorsque Firebug (l'ancien soldat devenu super-vilain) explique avoir cédé son costume de vilain sur le *dark web*[6] (et au passage, l'avoir vendu une fortune car il avait combattu Batman avec), ou quand on croise Leo Zelinsky dans *Civil War Front Line*[7], le « tailleur » qui a cousu la majorité des costumes des héros et des vilains Marvel.

---

6. *Gotham Central*, DC Comics, 2013.
7. *Civil War Front Line* #11, Embedded part 11, Marvel, 2007.

Ce critère de l'annonce est pour l'heure le plus intéressant que nous ayons identifié, car il est (enfin !) à la fois exhaustif et exclusif : il n'existe pas de super-héros qui ne soit pas annoncé comme tel, et aucun personnage annoncé comme un super-héros ne déçoit jamais les attentes du lecteur. Par exemple, dans le livre *Miss Peregrine et les enfants particuliers*[8], les bambins en question ne sont pas présentés comme des super-héros, alors qu'ils ont objectivement tout des X-Men, puisqu'une mutation leur confère des super-pouvoirs (comme la pyrokinésie, la capacité de voler ou de se changer en oiseau, etc.).

Mais si nous essayons de bâtir une définition à partir de ce seul critère, nous aboutissons nécessairement à une tautologie : « Le super-héros est un personnage dont on nous annonce qu'il s'agit d'un super-héros. » Mouais...

Au final, on voit que ça n'est pas encore ça. En effet, les définitions des dictionnaires sont majoritairement descriptives et fonctionnent par analogies, tandis que nous cherchons à capter *l'essence* du super-héros. Alors, comment sortir de cette impasse ?

8. Écrit par Ransom Riggs (2011), puis adapté au cinéma en 2016 par Tim Burton.

Aristote vole à notre secours !

Ben... grâce à la philosophie ! Évidemment, qu'est-ce que vous croyiez ? Plus spécifiquement, nous allons faire appel à l'un des tout premiers super-philosophes (et peut-être aujourd'hui encore le plus important[9]) : Aristote. Dans son *Organon* (*outil* ou *instrument* en grec), un ensemble de six traités formant le premier manuel de logique de l'Histoire, le penseur décrit les deux étapes nécessaires à la définition d'un objet.

Pour définir un objet, nous apprend Aristote, on doit :

1) tout d'abord le rapporter au **Genre commun** auquel il appartient ;

2) puis distinguer ses **Différences spécifiques**, c'est-à-dire ce qui le rend unique au sein de ce genre commun.

Pour bien comprendre, aidons-nous de quelques exemples en essayant de définir des objets banals et que nous connaissons tous :

– le **canapé** est un meuble (genre commun) sur lequel on peut s'asseoir confortablement à plusieurs (différence spécifique propre au canapé parmi les sièges) ;

9. N'en déplaise à *e-Penser*...

– l'**homme** est un animal (genre commun) qui parle et pense (différences spécifiques propres à l'être humain chez les animaux) ;

– le **triangle** est une figure géométrique plane (genre commun) à trois côtés (différence spécifique du triangle au sein des figures géométriques) ;

– le ***Podarcis sicula*** est une espèce du sous-genre lézard du genre commun reptile ; bla-bla-bla, vous avez chopé l'idée.

Dans l'exemple cité plus haut, le triangle est une **espèce** du **genre** des figures géométriques parmi d'autres : le rond, le carré, le losange, etc. Mais le triangle peut à son tour devenir un **sous-genre** que l'on va découper en espèces *via* de nouvelles différences spécifiques : les triangles isocèles, équilatéraux, rectangles, etc. Ce qui nous donne le schéma suivant :

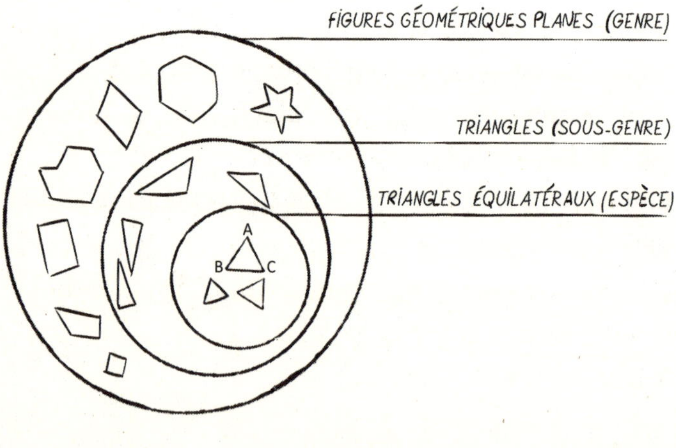

Vous voyez ce ABC au centre de l'espèce des triangles équilatéraux ? C'est un triangle équilatéral, par exemple celui qui se trouve au centre de la poitrine de Tony Stark/Iron Man. Suivons la méthode d'Aristote et essayons de le définir : il faut remonter à son genre commun, puis **parfaire notre énoncé à l'aide d'une première différence spécifique et d'une seconde particularité**.

Ce faisant, nous obtenons la définition suivante :

Le triangle équilatéral est

<u>une figure géométrique plane</u> <u>à trois côtés égaux entre eux</u>.

(genre commun) (différences spécifiques)

Et le bougre savait ce qu'il racontait, puisqu'on se retrouve avec une définition qui décrit parfaitement *tous* les triangles équilatéraux, et *seulement* les triangles équilatéraux : n'importe quel triangle équilatéral est une figure géométrique plane à trois côtés égaux entre eux, et n'importe quelle figure géométrique plane à trois côtés égaux entre eux est un triangle équilatéral.

C'est quand même autre chose que nos définitions du dictionnaire de tout à l'heure ! Il semble donc que nous soyons sur la bonne voie ; il ne nous reste plus qu'à appliquer la méthode de notre Amazing Aristote aux super-héros. Ça semble facile et sans accro, pas de lézard...

Face-à-face avec le lézard !

En fait si, il y a un lézard, et un gros. Tel Spider-Man dans le sixième épisode de sa propre série[10], la méthode aristotélicienne se retrouve confrontée à un adversaire redoutable sous les traits d'un reptile. Reprenons en effet notre exemple du *Podarcis sicula* de tantôt. Ce reptile, introduit en 1971 sur une île croate abandonnée, a été redécouvert en 2004 par une équipe de scientifiques qui a failli ne pas le reconnaître[11] !

Que nous enseigne cet épisode des aventures du philosophe ? Qu'Aristote, tout super qu'il est, se serait trouvé bien embêté devant cette « redécouverte » du reptile : ses nouvelles différences spécifiques ne correspondent plus à celles de l'espèce souche. C'est donc qu'on a affaire à une *nouvelle* espèce, définie par de *nouveaux* critères. Il semble alors que la stratégie aristotélicienne convienne particulièrement à des objets comme les triangles, qui sont les mêmes aujourd'hui que

10. « Face-to-face With the Lizard ! », Marvel, 1963.

11. Le lézard avait évolué à une vitesse fulgurante, mutant d'un profil d'animal insectivore à celui d'un semi-herbivore en guère plus de quarante ans. Il présente même des modifications anatomiques impressionnantes, notamment aux niveaux de la mâchoire et de la flore intestinale, voir *Sciences et Vie* n° 1 091, août 2008.

dans l'Antiquité, c'est-à-dire non soumis au temps (on pourra dire « atemporels »). Or nos super-héros, comme le lézard de l'île croate (et sa v2.0), existent dans le temps et risquent de présenter bon nombre d'évolutions. Il semble donc nécessaire de compléter la démarche aristotélicienne et d'introduire un regard d'historien qui nous donnerait des définitions plus éclairantes :

– Le **canapé** actuel dérive des *canapeum* des Romains et *Kônôpeion* des Grecs sur lesquels tout ce beau monde s'affalait individuellement et confortablement pour manger, recevoir et faire la sieste… Notre canapé, apparu au XVIIIe siècle avec les salons littéraires et intellectuels[12], se révèle la version *upgradée* du *canapeum* : un meuble fait pour stocker confortablement nos derrières (et pas des serviettes ou de la vaisselle) ayant une nouvelle différence spécifique : la station à plusieurs.

– L'**homme** actuel, ou *homo sapiens*, est une espèce du sous-genre *homo* apparue il y a deux cent mille ans. Ses différences spécifiques sont un larynx suffisamment volumineux pour produire du son, et un cerveau suffisamment développé pour l'émergence d'une conscience et de la parole.

---

12. Sorte de *forum* de geeks avant l'heure…

Pour accomplir notre mission de définition du super-héros, nous ne pouvons pas ne pas faire tout de même appel au super-philosophe Aristote (parce qu'il est très fort), mais nous décidons de le flanquer du plus grand spécialiste des comics qui soit : l'historien de l'art Elijah Price, propriétaire de galerie « Limited Edition » dans le film *Incassable*[13]. Bien sûr, comme dans tout *buddy-movie* qui se respecte, les deux commencent par râler. Puis Aristote analyse :

Aristote : Il y a deux manières d'envisager le problème : le super-héros est soit un héros de fiction (genre commun) qui possède des pouvoirs sur-humains (différence spécifique), soit un supra-humain[14] (genre commun) qui agit héroïquement (différence spécifique).

Elijah : Du point de vue de l'histoire des arts, le super-héros est un champion de la communauté (genre commun), fictif (sous-genre), aux capacités sur-humaines (première différence spécifique) et qui est annoncé comme un super-héros (seconde différence spécifique).

13. M. Night Shyamalan (2000).
14. On trouve également le terme « méta-humain ».

Et vous, qu'en pensez-vous ? Vous êtes plutôt de l'avis d'Aristote ou d'Elijah Price ? Les super-héros sont-ils des supra-humains devenus héroïques, ou des héros aux pouvoirs extraordinaires ?

Le regard de l'historien

Du point de vue de l'historien de l'art, le terme de « super-héros » est une marque déposée de Marvel et DC depuis le début des années 1980[15]. Une façon pour les deux éditeurs de revendiquer la co-création d'un certain type de récits qui leur doit effectivement beaucoup, apparu à la fin des années 1930 avec des personnages comme Superman. Jusqu'aux années 1950, on parle d'ailleurs d'un « âge d'or » de ces illustrés avec l'apparition de personnages encore populaires et actifs aujourd'hui[16]. Une histoire de super-héros, c'est

15. www.wipo.int/wipo_magazine/en/2012/03/article_0005.html

16. Cet « âge d'or » sera interrompu par un ralentissement de quelques années dû à des discours conservateurs soupçonneux quant aux mauvais effets éventuels sur la jeunesse. S'ensuit une reprise de 1956 à 1970 surnommée l' « âge d'argent » qui commence avec la création d'une instance de censure : la Comics Code Authority. Lui succèderont l' « âge de bronze », au cours duquel la Comics Code Authority perdra de son influence jusqu'à sa dissolution, puis l'« âge contemporain » qui est le nôtre.

donc une fiction revendiquée comme telle, d'abord dans la bande dessinée[17] puis dans les séries télé, le cinéma et les jeux vidéo. Celle-ci développe les exploits en matière de justice réparatrice et préventive d'un champion de la communauté, particulièrement performant et souvent masqué. D'ailleurs, avant que nos éditeurs ne fassent de l'expression « super-héros » une marque déposée, les adjectifs colorés (au sens propre comme figuré), dont on a déjà parlé, fonctionnaient comme des effets d'annonce sur les couvertures de ces petits illustrés.

À l'époque, ces cahiers souples d'une vingtaine de pages, conçus pour être des objets jetables et facilement transportables, se destinaient surtout à distraire les jeunes comme les soldats au front (pendant la Seconde Guerre mondiale, la guerre de Corée, du Vietnam...) et cherchaient à les attirer en annonçant de l' « *Amazing* », « *Incredible* », « *Invicible* », « *Uncanny* », sortes d'épithètes

---

17. Certains considèrent cependant que le personnage de nouvelles et de romans français, le Nyctalope (doté du super-pouvoir de la vision nocturne), crée en 1911 par Jean de La Hire, constitue une préfiguration textuelle et européenne des super-héros de Marvel et DC comics.

homériques[18] modernes en somme, glorifiant ces combattants du Bien d'un genre nouveau.

Les performances de ces personnages peuvent dériver :

1. de **mutations génétiques** (Spider-Man, Hulk, Daredevil, les X-Men...) ;

2. d'**origines extraterrestres** (Superman, les Gardiens de la Galaxie...) ;

3. d'**origines surnaturelles** (Wonder Woman, Aquaman...) ;

4. d'**origines extradimensionnelles** (Thor, Iron Fist, Hellboy...) ;

5. de **technologies extraordinaires** (Iron Man, Ant-Man...) ;

6. d'un **entraînement** enfin, qui peut être soit une initiation spirituelle ou ésotérique (Dr Strange), soit – et c'est le plus courant – une préparation physique et martiale (la Veuve Noire, Hawkeye...).

Évidemment, certains super-héros misent sur plusieurs chevaux (pourquoi se limiter, hein ?), ne serait-ce que parce qu'une mutation génétique

18. Dans l'*Iliade* et l'*Odyssée*, Homère affuble toujours ses personnages d'une extension du nom élogieuse : « Ulysse aux mille ruses », « Ménélas au puissant cri de guerre » – un dernier titre que n'aurait pas volé le Hurleur (Banshee), mutant de la première équipe X-Men !

ou une technologie nouvelle nécessitent le plus souvent d'être apprivoisées *via* un entraînement (d'où l'abondance de phases de « formation » dans les comics, qui les assimilent aussi aux récits d'apprentissage). Comme Batman, par exemple, qui cumule un entraînement martial et l'usage de technologies ; ou Green Lantern qui conjugue les origines extraterrestres de son pouvoir à l'outil extraordinaire que celui-ci requiert pour fonctionner (une bague conçue par les aliens), avec une dimension spirituelle et ésotérique indéniable, tout comme les vertus d'un entraînement. À force de se balader sur autant de catégories à la fois, c'est le grand écart assuré façon Jean-Claude Van Damme pour nos héros. Mais après tout, à quoi bon porter du Lycra sinon ?

De quoi les comics sont-ils héritiers ?

De ce point de vue « historiciste », le super-héros serait donc une figure dérivée du héros épique de l'Antiquité. Les New Titans de DC ou les Avengers chez Marvel, pour ne prendre que deux exemples, accomplissent en effet des exploits dignes des plus grandes figures de la guerre de Troie (tel Ulysse, connu autant pour sa ruse que sa virtuosité à l'arc, voir encadré ci-dessous) ou des êtres supra-humains fictifs au service de la communauté que sont Achille (fils d'un roi et d'une nymphe marine), Heraclès (Hercule chez les Romains, qui officie d'ailleurs comme super-héros chez Marvel), Castor et Pollux (tous trois fils du dieu Zeus et d'une humaine).

Par ailleurs, le super-héros semble également hériter des récits de chevalerie (puisqu'il protège la veuve et l'orphelin), comme les chevaliers de la Table ronde, par exemple, voire d'autres justiciers médiévaux tels que la controversée Jeanne d'Arc (héroïne aux facultés guerrières supra-humaines, puisque d'origine divine, d'après sa légende) ou Robin des Bois, « *Robin Hood* » en VO (« Robin l'encapuchonné », soit l'un des premiers justiciers masqués, des siècles avant Zorro).

En outre, le récit de super-héros n'irait pas sans rappeler les nouvelles fantastiques du XIXe siècle (certaines scènes des *X-Men* ou de *Spider-Man* peuvent évoquer la mutation de *La Métamorphose* de Kafka). On y retrouve enfin certains thèmes des récits d'apprentissage ou des éléments des *pulps*, ces magazines bon marché de la première moitié du XXe siècle, proposant des feuilletons illustrés ancrés dans un univers *noir*[19], exotique

19. L'adjectif renvoie à l'esthétique des « *films noirs* » de l'époque, en français dans le texte, même aux États-Unis.

ou fantastique et mettant souvent en scène des « antihéros ».

Au final, quand on pose la question « Qu'est-ce qu'un super-héros ? », la réponse de l'historien de l'art/mythologue (c'est-à-dire un expert en mythes, pas en mythos…) consiste à en faire une sous-catégorie historiquement situable de l'ensemble des « héros légendaires, fictifs et nationaux[20] », en montrant que le comics naît de l'épopée mais se nourrit aussi de formes narratives plus récentes. En gros, le gars réfléchit en termes de frise chronologique :

20. C'est-à-dire des personnes ou personnages ayant accompli des exploits bénéfiques à leur communauté.

Un exemple de cet héritage ? Hawkeye, un personnage entre Ulysse et Robin des Bois !

À bien des égards, l'archer **Hawkeye**, membre de l'équipe des Avengers (Captain America, Hulk, Thor, Iron Man…), rappelle plusieurs figures épiques. La première, c'est évidemment **Robin des Bois**, ne serait-ce que pour l'arc et les collants. Les auteurs, très conscients de cette ressemblance, la mettent même en scène, d'où le persiflage d'un adversaire dès le *Solo Avengers #2* (« Regarde, c'est Robin des Bois ! Descends-le ! »), ou encore le titre *Of Robin Hoods and Roustbouts* de l'épisode #223 des *Avengers*.

Mais sa virtuosité à l'arc le rapproche également d'**Ulysse**, qui, à la fin de l'*Odyssée*, remporte – déguisé en mendiant – l'épreuve de l'arc proposée par sa femme Pénélope pour se débarrasser des prétendants qui la convoitent et se sont introduits dans la maison de son mari toujours porté disparu. Il s'agit de transpercer douze haches de la même flèche. Or non content de réussir l'impossible, Ulysse révèle son identité à la suite de cet exploit et massacre tous les prétendants avec ses autres flèches.

Autres rapprochements possibles avec l'« homme aux mille ruses » (surnom d'Ulysse du fait des subterfuges comme le cheval de Troie ou le stratagème contre le gigantesque Cyclope, dont il est à chaque fois l'auteur) : Hawkeye sait lui aussi faire preuve de fourberie lorsque le combat s'avère par trop inégal. Ainsi dans l'épisode #16 *The Day Death Died*, il trompe la Mort elle-même, sur le point de détruire tout l'univers connu, en truquant un pari (un jeu de courte paille à base de flèches) qu'elle ne peut refuser, par fierté. À la fin de l'épisode, alors que le calme est revenu, Captain America met d'ailleurs malicieusement en garde les autres Avengers en train de jouer au foot pour se détendre : « Gare à Hawkeye, ce mec est un tricheur ! » En outre, à la manière du héros grec qui ne cesse de libérer ses compagnons (du Cyclope, de Circé...), Hawkeye se retrouve parfois à sauver la mise aux autres Avengers, comme lorsqu'il leur permet d'échapper au « Collectionneur » (*Avengers* #174 *: Captives of the Collector*) alors même qu'il reste objectivement le héros le moins fort de l'équipe, sur le plan physique. À l'image du Grec, il est aussi un leader-né, ce qui l'amènera à prendre la tête des « West Coast Avengers ».

Pour récapituler le résultat de notre *dynamic duo* Aristote/Elijah Price : on a un genre commun des « héros légendaires, fictifs et nationaux », et une différence spécifique qui est : « personnages fictifs annoncés comme super-héroïques » par les épithètes sur les couvertures de bande dessinée ou autre, puis une marque déposée à partir des années 1980.

Ainsi, selon cette définition, Jeanne d'Arc et Robin des Bois ne sont PAS des super-héros. Même s'ils ont accompli des exploits devenus légendaires et bénéfiques à leurs concitoyens, ces personnages aux origines historiques réelles n'ont jamais été annoncés comme des super-héros par une couverture de bande dessinée, une affiche de film, une jaquette de jeu vidéo.

À l'inverse, on trouve des super-héros hors des comics, parce qu'ils sont annoncés comme tels : les personnages ambivalents campés par Rainn Wilson et Ellen Page dans la comédie noire *Super* de James Gunn (2010) ou par Will Smith dans *Hancock* de Peter Berg (2008), deux fictions aux scénarios originaux et sans rapport direct avec Marvel, DC, ni aucun éditeur de comics, SONT des super-héros. L'accroche imprimée sur l'affiche du dernier métrage dissipait d'ailleurs toute ambiguïté : « *Découvrez le super-héros que tout le monde aime détester.* »

Robin des Bois n'est donc pas un super-héros à proprement parler..., mais le roi Arthur si, en revanche, depuis 1955 ! C'est en effet à cette date qu'il est apparu, sous son nom « Pendagron », dans la bande dessinée *Black Knight* de Marvel. Même chose pour Hercule, dont les éditeurs se sont tous deux emparés : en 1965 pour Marvel (*Journey Into Mystery Annual #1*) et dix ans plus tard pour DC (*Hercules Unbound*).

Notez que chez Marvel, le concept des Éternels réinterprète la mythologie antique dans son ensemble, et qu'on trouve également une annexion comparable de la mythologie nordique *via* les personnages des Asgardiens, dont le plus connu est Thor (mais n'oublions pas Odin, Valkyrie, etc.). Le super-héros blond au marteau a ainsi médiatisé une mythologie peu connue (dans une version remaniée) *via* sa série solo et ses exploits chez les Avengers (aux côtés d'Iron Man, Captain America, etc.), puis dans les films consacrés à ladite équipe comme ses longs métrages perso qui l'ont rendu très populaire, notamment auprès de la gent féminine (merci Chris Hemsworth). Dans les bandes dessinées, Thor et Hercule s'affrontent d'ailleurs à plusieurs reprises avant de s'allier (voir par exemple les *Thor* #124 à 130), Hercule intégrant même les Avengers.

Voilà qui nous permet donc de faire la part des choses : si certains héros légendaires sont devenus des super-héros (Hercule, Thor, Arthur), « super-héros » reste une sous-catégorie dont ne relève PAS toute figure qui ferait le Bien dans sa communauté, à la faveur de pouvoirs surnaturels. C'est alors qu'Aristote s'exaspère, parce qu'il est patient, mais faut pas pousser… Son investigation de philosophe reste freinée par un regard de mythologue et d'historien de l'art, *extérieur* à son sujet.

Or se poser la question de la philo *des* super-héros nous invite à l'une de ces enquêtes de terrain dont il est si friand (voir galerie des personnages) afin d'embrasser complètement le point de vue des citoyens de ces univers fictifs. C'est précisément ce que nous ferons dans ce livre. Nous croyons en effet que c'est la meilleure façon d'élucider le sens que donnent à leurs actions les protagonistes, mais aussi leurs témoins. Alors, soyons plus à l'écoute de la façon dont les super-héros sont perçus et présentés *à l'intérieur même de leur univers*.

Le super-héros est-il un supra-humain comme les autres ?

Dès qu'on s'y colle, on s'aperçoit que les comics dépeignent toujours des sociétés dans lesquelles une nouvelle classe d'individus aux capacités surhumaines est apparue : mutants de naissance ou par accident, migrants extraterrestres ou extra-dimensionnels, sorciers, etc. Or selon les citoyens de Gotham City ou de Metropolis, qui ont assisté à l'avènement de ces supra-humains, ces derniers constituent un nouveau *genre commun*, à l'intérieur duquel on peut distinguer plusieurs *espèces*, parmi lesquelles les super-héros et les super-vilains.

Une scène du comics *Runaways* de Marvel illustre bien cette perspective généralisée : on y voit de jeunes adultes (Mickey et Phil) animer un groupe de parole pour « anciens super-héros adolescents repentis » désireux de protéger les jeunes gens de violences qui devraient être réservées au monde adulte. L'un d'entre eux, Ricochet, s'y présente comme un ancien ado super-héros de seconde zone et explique : « Quand mes pouvoirs sont apparus, je me suis dit que j'allais devenir un héros à plein temps[21]. » **Cette phrase montre**

21. *Runaways*, vol. 2, #1, « True believers », Marvel, 2005.

bien que le premier événement identitaire pour le personnage a été la manifestation de ses pouvoirs, puis le choix de relever du sous-genre des super-héros.

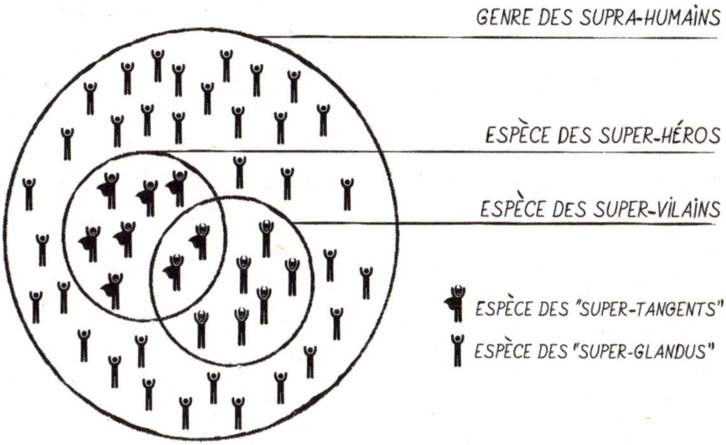

Les comics nous permettent donc de redéfinir le terme « super-héros » de façon aristotélicienne, mais avec un genre commun et une différence spécifique autres que ceux qu'on avait d'abord envisagés. Comment un supra-humain intègre-t-il le cercle fermé des super-héros, ultime différence spécifique qui nous intéresse ? C'est cette question à laquelle répond Kick-Ass… Le personnage de Mark Millar a en effet l'honneur d'ouvrir le bal de nos super-questions. Alors accrochez-vous, c'est parti !

Les super-questions

Ou quand les super-héros dialoguent avec les philosophes...

Soyons honnêtes : on a tous rêvé
d'être un super-héros
une fois dans sa vie [1].

Épisode #01

La liberté

Sartre, Kick-Ass, Batman et Spinoza sont dans un bateau...

Comment devient-on un super-héros ? On ne dirait pas, mais sachez que cette question nous concerne tous. Imaginons qu'on se croise dans un dîner mondain et que je vous demande : « Comment t'en es arrivé à faire ça ? » par rapport à vos activités du moment ; honnêtement, que me répondriez-vous : « Oh, c'est un peu le hasard », « J'ai toujours voulu faire ça » ou « Un peu par nécessité, on fait pas toujours ce qu'on veut... » ? Eh bien, c'est exactement la même chose pour les

1. *Kick-Ass*, #1, Icon Comics, 2008.

super-héros ! Et il se trouve que ces réponses en apparence banales cachent de lourdes implications philosophiques, dans la mesure où il s'agit de déterminer la part de liberté, hasard ou destin dans tout parcours de vie. C'est pourquoi Spinoza, Épictète et Sartre ont chacun une petite idée bien précise sur la question... Mais alors, qui a raison ? Pour le savoir, embarquons avec ce trio de super-penseurs, pour interroger Batman et Kick-Ass.

C'est son destin, il n'y peut rien

Spinoza nous répondrait que l'homme est prédéterminé, et que le super-héros se contente d'accomplir son destin. Baruch (car oui, il se prénommait Baruch, si c'est pas la classe...) pense en effet que le sentiment du libre arbitre, celui que nous ressentons tous à chaque fois que nous prenons la moindre décision, relève en réalité du délire pur et simple. Dans son *Éthique*, il explique que les hommes vivent dans cette illusion permanente à cause de la rencontre de deux phénomènes : « [Les hommes] sont *conscients* de leurs actions et *ignorants* des causes par où ils sont déterminés[2]. » D'après Spinoza, l'homme

2. Baruch Spinoza, *Éthique*, 1677.

n'est évidemment pas libre puisqu'il est *déterminé*, comme tout ce qui existe, par les lois de la Nature. Or, les lois de la Nature forment un ensemble de causes et de conséquences beaucoup trop complexe pour que l'homme puisse le comprendre. Il serait donc illusoire (voire fou) pour les humains de prétendre à la liberté dans ces conditions : « Ceux donc qui croient qu'ils [... agissent] par un libre décret de l'Âme, rêvent les yeux ouverts. »

Dans sa Lettre 58 à Schuller, il développe sa pensée grâce à un exemple très célèbre. Il écrit : « Une pierre reçoit d'une cause extérieure qui la pousse une certaine quantité de mouvements et, l'impulsion de la cause extérieure venant à cesser, elle continuera à se mouvoir[3]. » Pour résumer : si je pousse une pierre puis arrête de la pousser, elle continuera à avancer sans cause qui la fasse *apparemment* bouger. Il nous demande ensuite d'imaginer que « la pierre, tandis qu'elle continue de se mouvoir, pense et sache qu'elle fait un effort ». Puis en conclut : « Cette pierre assurément, puisqu'elle a conscience de son effort seulement [...] croira qu'elle est très libre et qu'elle ne persévère dans son mouvement que parce

3. Baruch Spinoza, *Lettre à Schuller*, 1674.

qu'elle le veut. » Spinoza pense que l'homme est comme la pierre : « Telle est cette liberté humaine que tous se vantent de posséder » ; l'homme a le sentiment que sa seule volonté est à l'origine de ses actions, mais c'est parce qu'il ignore les causes qui les déterminent.

On fait le point

Spinoza pense que l'homme croit agir selon sa volonté mais vit dans l'illusion : il est *conscient* de ses actes, certes, mais également *ignorant* des causes qui le poussent à agir. Pour lui, on devient donc super-héros parce qu'une série de causes et d'effets qu'on ne soupçonne pas nous y *déterminent*. On conclut donc avec Spinoza qu'on ne choisit pas de devenir super-héros, jamais.

Ce qui signifie que Bruce Wayne, par exemple, n'a pas librement décidé de devenir Batman, mais y a été contraint à la suite de causes et d'effets qui l'ont déterminé. À la fois, on s'en doutait un peu : pas besoin d'être diplômé en psychologie pour comprendre que le meurtre des Wayne[4] a *déterminé* le parcours du milliardaire. Bruce Wayne lui-même est au courant que voir ses parents se faire assassiner lui a laissé quelques « séquelles ».

Mais ce que nous apprend Spinoza, c'est que cet événement (et bien d'autres !) n'a pas seulement créé la figure de Batman, mais a engendré (et engendre encore aujourd'hui) une multitude de causes qui agissent en permanence sur Bruce Wayne sans qu'il en soit conscient.

Dans l'arc narratif *Big Burn*[5], Bruce Wayne décide d'aider Harvey Dent, alors simple avocat, à concourir aux prochaines élections pour le poste de procureur de Gotham City. Apparemment, le milliardaire cherche à faire de Dent un allié capable de mettre derrière les barreaux les sœurs McKillen (ce sont des anciennes clientes de Dent) qui viennent de tenter d'assassiner son ami et autre précieux allié, le commissaire Gordon. Bruce Wayne a donc le sentiment de choisir en son âme

4. *Batman* #404, « Year One, Part 1 », DC Comics, 1987.
5. *Batman and Robin*, vol. 2, #24 - #28, DC Comics, 2013.

et conscience, et selon des causes et des conséquences évidentes et immédiates.

Mais on comprend au cours de la lecture qu'il cherche également à faire emprisonner les sœurs McKillen pour les neutraliser sans leur faire de mal. Pourquoi ? Parce qu'il les a connues enfant et regrette qu'elles aient rejoint les activités de leur père (« Va te faire foutre, Bruce, lui opposera rétrospectivement Erin dans l'épisode #26, nous n'avons rien rejoint du tout, Shannon et moi faisions déjà partie de cette famille »). Comment les a-t-il connues ? En s'adressant à leur père, un baron de la pègre locale, à qui il avait demandé de l'aider à se venger. Pourquoi ? Toujours pareil : parce que ses parents sont morts.

On voit bien à travers cet exemple comment les causes et les conséquences se succèdent et s'entremêlent, jusqu'à ce que Bruce Wayne ne les perçoivent plus consciemment : le décès de ses parents, quoique indirectement, est également en jeu dans la décision qu'il a prise de soutenir la candidature d'Harvey Dent.

Ou plutôt, c'est le hasard et il faut s'y faire

Mais à l'origine du fameux meurtre des parents Wayne dans une ruelle, un soir de sortie familiale, n'y a-t-il pas plutôt le hasard ? Ceux-ci n'ont-ils pas surtout eu la malchance de se trouver « au mauvais endroit au mauvais moment » ? Épictète nous répondrait en effet qu'on devient super-héros, comme on embrasse n'importe quelle autre carrière, par la « Providence ».

Pour ce philosophe grec, c'est bien le hasard qui distribue à chacun la place qu'il occupe dans le monde. On trouve ici une pensée qui, quoiqu'elle la précède de plus de quinze siècles, n'est pas sans rappeler l'analyse de Spinoza ci-avant. En effet, ce qu'Épictète nomme « hasard » ressemble à cette « Nature » qui chez Baruch (décidément, on ne s'en remet pas) est à l'origine de toute chose : un ensemble de causes et de conséquences trop nombreuses et complexes pour que nous puissions les comprendre. Mais à l'inverse de Spinoza, Épictète pense qu'il existe tout de même une liberté humaine à exercer au milieu de toute cette prédestination. En bon stoïcien (voir galerie des personnages), il écrit : « Il dépend de toi de bien jouer ton rôle, mais non de le choisir[6]. » Épictète pensait en effet que, pour être heureux, il fallait non plus faire arriver ce qu'on désire, mais désirer ce qui arrive ; en d'autres termes, ne plus nous

6. Alors même qu'il était esclave ! Avouez qu'il était plutôt beau joueur…

battre contre ce qui n'est pas de notre ressort. À la suite de quoi, la liberté humaine ne consiste pas à choisir son « rôle » (un rang, un physique, une filiation ou des super-pouvoirs) mais à le mettre à profit : dans le cas qui nous intéresse, être le meilleur super-héros possible.

On fait le point

Épictète pense que la liberté humaine consiste à accepter le rôle qui nous est donné (maître, esclave… ou super-héros !) et à le jouer du mieux qu'on peut. Dans ces conditions, le super-héros ne choisit pas de le devenir, mais il lui revient d'être le meilleur possible.

Épictète nous amène à penser qu'on ne devient pas super-héros par choix, et que la liberté consiste uniquement à faire de son mieux avec ce qu'on nous a donné. Il aurait d'ailleurs certainement invoqué les personnages Marvel pour appuyer son propos, dont les super-pouvoirs relèvent le plus souvent d'un coup du sort : Spider-Man ou Hulk reçoivent leurs pouvoirs à la suite d'accidents, les X-Men héritent de leurs capacités à la faveur de mutations imprévisibles, etc. Leur trajectoire de super-héros (« leur rôle », aurait dit Épictète) est bien le fait de la providence : tous ces personnages n'ont pas choisi d'être gratifiés de super-pouvoirs, et ne peuvent pas non plus décider de les voir disparaître.

Pourtant, selon le stoïcien, tous ces personnages sont libres de bien jouer ce rôle qui leur est imposé. Charles Xavier dans les X-Men, par exemple, n'a pas choisi de devenir un référent pour les mutants : cela tient à son âge (c'est l'un des plus anciens mutants, il est donc plus vieux que la majorité d'entre eux), à ses pouvoirs (c'est un télépathe et, qui plus est, un mutant *Omega*, soit parmi les plus puissants), à son époque, etc., autant d'éléments sur lesquels il n'a pas prise. En revanche, il a librement décidé d'embrasser son rôle et de « bien le jouer » en devenant le professeur Xavier (et en fondant son institut), une figure tutélaire œuvrant pour le bien-être des mutants et leur cohabitation pacifique avec l'humanité.

Le Surfeur d'Argent, un exemple en or…

Norrin Radd est devenu le Surfeur d'Argent après un marché passé avec le terrible Galactus, le dévoreur de mondes. En échange de la magnanimité du vilain, qui épargne sa planète Zenn-La, Norrin Radd reçoit le *pouvoir cosmique* et s'engage à devenir son héraut : le Surfeur d'Argent.

« Ainsi Norrin Radd fut effacé… pour laisser place au Surfeur d'Argent[7]. »

Nous avons donc affaire à un personnage intégralement déterminé par sa fonction de héraut et la volonté de Galactus qui l'a façonné (et qu'il nomme « mon créateur », c'est quand même un signe…). Ici, en résonance avec la pensée d'Épictète, le Surfeur n'a pas eu le privilège de choisir le rôle qu'il joue, mais uniquement de bien le jouer. Aussi le Surfeur est-il un héraut zélé et docile auprès de son maître, pour lequel il trouve les mondes les plus appétissants. Mais plus pour longtemps...

À suivre/*To be continued*...

7. *Silver Surfer Requiem*, #1, « Kyrie », Marvel, 2007.

C'est un choix, il se définit lui-même

C'est alors que Jean-Paul Sartre débarque (ou plutôt embarque) comme une furie, en rappelant qu'il existe au moins un super-héros ayant librement décidé de le devenir : Kick-Ass. [Faisant montre au passage d'une connaissance des comics que nous n'aurions pas soupçonnée, malgré ses lunettes de geek.] En effet, cet adolescent américain, sans super-pouvoir, **se choisit une carrière de super-héros et se révèle ainsi une parfaite illustration de la théorie de l'existentialisme**. Cette philosophie, développée dans l'essai *L'Être et le Néant*, puis précisée au cours de la conférence *L'existentialisme est un humanisme*, peut se résumer d'après Sartre de la façon suivante : « [Les existentialistes] estiment que l'existence précède l'essence[8]. » Très bien, me direz-vous, mais qu'est-ce que ça signifie ?

Pour bien comprendre, servons-nous de l'exemple que le philosophe utilise dans sa conférence : la différence entre un homme et un coupe-papier (c'était une autre époque...). « [On] ne peut pas supposer, remarque Sartre, un homme qui produirait un coupe-papier sans

8. Jean-Paul Sartre, *L'existentialisme est un humanisme*, 1946.

savoir à quoi l'objet va servir[9]. » En effet, l'artisan qui fabrique cet instrument se réfère pour sa création au concept de coupe-papier (qui existe déjà, avant la réalisation de cet exemplaire précis), c'est-à-dire qu'il suit un cahier des charges pour fabriquer un objet qui remplira certaines fonctions. Or, aucun homme n'est créé de la sorte, d'après un concept, selon une recette et en vue de remplir une fonction puisque pour le philosophe, Dieu n'existe pas.

Lorsqu'il naît, l'homme *est*, c'est tout, sans qu'un artisan (Dieu) ne lui ait assigné de rôle. Ou en termes sartriens, l'homme « existe d'abord, se rencontre, surgit dans le monde, et se définit après. [...] il n'est d'abord rien. Il ne sera qu'ensuite, et il sera tel qu'il se sera fait[10]. » Ce qui permet à Sartre de conclure qu'« il n'existe pas de nature humaine » comme il existe une nature du coupe-papier.

9. Jean-Paul Sartre, *L'existentialisme est un humanisme*, op.cit.
10. Ibid.

On fait le point

Alors, qui tombe à l'eau ?

Spinoza nous explique en substance que l'homme n'est pas plus libre que la chaise sur laquelle il est assise, car tous deux sont soumis aux mêmes lois de la nature. Certes, mais Sartre attire notre attention sur une différence de taille entre l'homme et la chaise : la chaise a été créée à l'aide de techniques particulières afin qu'elle remplisse une tâche spécifique. L'homme est évidemment plus libre que la chaise, puisqu'il n'est au départ qu'un canevas, et que c'est lui qui détermine ce qu'il devient.

→ Verdict ? À l'eau !

Passons à Épictète, maintenant. Le stoïcien, lorsqu'il analyse que la liberté de l'homme se limite à jouer son rôle au mieux, pas à le choisir, semble postuler une essence de l'homme à laquelle ce dernier ne peut échapper. Une fois encore, notre cher Jean-Paul répondrait certainement que ce n'est pas très sérieux, et qu'un homme n'est pas un esclave comme une chaise est une chaise, pour reprendre notre exemple. Tout d'abord, parce que *esclave* est précisément un « rôle », tandis que chaise est une *essence*, ce qui signifie que le concept de « chaise » épuise la signification de cet objet, tandis que le terme « esclave » ne saurait définir entièrement un être humain, aussi esclave soit-il. Mais surtout parce que, s'il est *très difficile* pour un esclave de sortir de sa position, il est *tout à fait impossible* pour une chaise d'arrêter d'être une chaise (de telle forme et en tel matériau, remplissant telle fonction, etc.).

→ Verdict ? À l'eau aussi ! (Mais moins brutalement.)

Cette épineuse question ainsi réglée, penchons-nous donc à présent sur les super-héros, et plus particulièrement sur un personnage qui illustre parfaitement la théorie de l'existentialisme de Sartre : Kick-Ass.

Cet adolescent sans histoires et fan de comics s'achète un beau jour une combinaison de plongée et une paire de tonfas (des bâtons de combats japonais) pour aller rendre la justice dans son quartier. En d'autres termes, il *décide* de devenir super-héros presque *sur un coup de tête*, et non à la suite d'un quelconque accident radioactif ou événement traumatique qui l'y aurait poussé. Mieux, c'est de cette volonté de faire le Bien que découle son super-pouvoir (et non l'inverse !) : lors de sa première virée sous sa nouvelle identité, il se fait tellement tabasser que son système nerveux est endommagé. Il ne ressentira dorénavant plus la douleur, ce qui deviendra son super-pouvoir et lui vaudra son nom de justicier : Kick-Ass, un jeu de mot qui signifie en anglais à la fois « se faire botter le cul », et « assurer », « déchirer », ou encore, selon la traduction consacrée par South Park[11], « trouer le cul ». On voit que Kick-Ass *se définit lui-même* comme un super-héros ; c'est donc que chez lui, conformément à la théorie de l'existentialisme, *l'existence précède l'essence* : ce qu'il fait, ses actions et ses choix déterminent ce qu'il est. Ainsi, il ne fait pas preuve de courage parce qu'il est courageux, mais, au contraire, il est courageux parce qu'il fait preuve de courage.

11. Traduction française de William Coryn.

Le Surfeur d'Argent 2 : l'avènement de l'existentialiste

Le Surfeur d'Argent apprend dans le #48 de ses aventures que Galactus l'a « changé » avant d'en faire son héraut : il lui a ôté tout sentiment de culpabilité, à cause de « [sa] tendance à rétablir la justice et à protéger les faibles[12] » ; en d'autres termes, histoire qu'il puisse faire son boulot correctement sans être gêné en permanence par ses états d'âme. « Tu as altéré *l'essence* de ce que je suis », lui lance alors le Surfeur, un brin agacé par la nouvelle. Il exige du vilain qu'il lui rende sa personnalité : « Renonce à ton emprise, et permets-moi d'être l'homme que je devrais être ! » Mais lorsque Galactus rétablit ce qu'il avait modifié (en d'autres termes, lui rend son « essence originelle »), Norrin Radd se retrouve assailli par des siècles de culpabilité refoulée qui le noient littéralement. On voit bien que, même si Galactus peut à nouveau modifier son *essence*, il ne peut pas changer son *existence*, c'est-à-dire revenir sur ce qu'il a fait, symbolisé ici par sa culpabilité qui demeure et le submerge.

---

12. *Silver Surfer*, vol. 3, #48, « Confronting One's Maker ! », Marvel, 1991.

C'est sous le crayon du grand Moebius[13], que le Surfeur se choisira une voie et se définira par ses actes ; changera lui-même son *existence* pour définir son *essence* par ses choix. Il va s'opposer frontalement à Galactus qui revenait sur Terre pour régner sur les humains, les pousser à s'entre-tuer puis avaler la planète pour son quatre heures. C'est à croire que le héros a lu Jean-Paul Sartre dans l'intervalle qui sépare ces deux bandes dessinées, tant il semble à présent persuadé que ce sont ses actes qui le définissent, et pas son statut de héraut ni une prétendue « essence » que Galactus aurait falsifiée. Ce qu'il nous confirme en reprenant du service : « Il n'y a pas de disgrâce dans l'échec. À l'arrivée, il n'y a qu'une seule honte..., celle de n'avoir pas essayé[14]. »

Une leçon à méditer, en phase avec la célèbre formule de Sartre dans *L'existentialisme est un humanisme* : « On peut toujours faire quelque chose de ce qu'on a fait de nous. » Alors à nous de jouer !

---

13. *The Silver Surfer Parable*, #1, Marvel, 1987.
14. Ibid.

Point Flash

« Il n'y a pas de déterminisme, l'homme est libre, l'homme est liberté[15] », c'est ainsi que Sartre résume les conséquences de sa théorie de l'existentialisme. L'Homme n'est pas déterminé par quoi que ce soit qui lui soit transcendant ou extérieur, il est « condamné à être libre[16] », et ce sont ses actes qui déterminent ce qu'il est. Au-delà de Kick-Ass, ce sont donc tous les super-héros (et les super-vilains aussi, au passage, tout comme les super-glandus) qui ont librement choisi de le devenir d'après la théorie sartrienne. Ce qui n'est pas sans rappeler la célèbre devise nietzschéenne : « Deviens ce que tu es »...

Et malheureusement, voilà qui signe le retour de notre ennemi le Docteur Je-Sais-Tue, toujours content de nous faire la leçon : « Fastoche, LA référence pour comprendre la philo des super-héros, c'est le *surhomme* de Nietzsche ! » Ouille, on ne peut pas laisser passer ça. Faisons tout de suite appel à nos amis les Gardiens de la Philosophie.

15. Jean-Paul Sartre, *L'existentialisme est un humanisme,* 1946.
16. Ibid.

Les Gardiens de la Philosophie

« Le Surhomme » de Nietzsche

Ce que ça ne veut pas dire : Ce concept de « surhomme » que l'on retrouve dans *Ainsi parlait Zarathoustra* **ne correspond pas du tout à un homme surpuissant, physiquement ou intellectuellement**.

Ce que ça veut dire : Nietzsche appelle de ses vœux **un homme délivré de la culpabilité et du ressentiment insufflés par la morale**. Comment ? À la faveur d'un changement de point de vue, plus que d'une mutation biologique : l'individu restant « humain, trop humain ». On est donc très très loin du surhomme avec nos héros animés par le désir profond de faire le Bien et de protéger les plus faibles ! Et si vous en doutez encore, il suffit de lire Nietzsche lui-même :

« Le mot "Surhomme" dont j'usais pour désigner un type d'une perfection absolue, par opposition aux hommes modernes, aux braves gens, aux chrétiens et autres nihilistes, et qui, dans la bouche d'un Zarathoustra, devait donner à réfléchir, ce mot a presque toujours été employé avec une candeur parfaite au profit des valeurs dont le personnage de Zarathoustra illustre l'opposé, pour désigner le type idéaliste d'une race supérieure d'hommes, moitié saints, moitié génies… »

Nietzsche, *Ecce Homo*, 1908.

> Reed Richards, l'homme-élastique...tantôt je me dis qu'il est la seule personne à me dépasser en intelligence. Tantôt qu'il peut juste élonger son cerveau à sa guise... Tricheur[1] !

Épisode #02

La technique

Dis donc, Iron Man, c'est pas un peu de la triche, ton armure ?

A-t-on autant de mérite lorsqu'on tire ses pouvoirs d'une machine ? L'opinion commune semble tout autre, comme en témoigne une certaine déconsidération pour le personnage d'Iron Man qui « a longtemps souffert d'une franche impopularité, aussi bien à l'intérieur de l'univers Marvel que chez les fans », comme l'écrit

---

1. Tony Stark, dans *Invincible Iron Man*, #04, « The Five Nightmares, Part 4 - Neutron Bomb Heart », Marvel, 2008.

Mark D. White au chapitre V d'*Iron Man and Philosophy : Facing the Stark Reality* (imaginant ce que vous êtes en train de vous dire, nous vous assurons que cet essai existe vraiment[2]). Ainsi, pour la *doxa* (c'est-à-dire la pensée dominante), ce qui est naturel – ici, les super-pouvoirs – semble spontanément « supérieur » à ce qui ne l'est pas. À la fois, c'est très logique : vous accepteriez, vous, de participer à un match de boxe contre un mec camouflé dans une armure en métal ?

La technique apparaît alors comme une ruse, presque une tricherie, quand le naturel serait de l'ordre du « vrai » et de l'authentique. Mais est-ce vraiment le cas ? N'avons-nous pas plutôt affaire à une idée reçue ?

La technique apparaît souvent comme une ruse

Les instruments, outils et technologies sont généralement considérés comme un contournement **malhonnête** de la difficulté. En effet, on trouve ces « artifices » (terme que le *Larousse* définit comme « Moyen habile visant à cacher la vérité », avouez que le ton est donné) aux antipodes d'un idéal « naturel » qui, lui, affronterait

2. Mark D. White (ed), *Iron Man and Philosophy : Facing the Stark Reality*, 2010, John Wiley & Sons.

l'adversité à la loyale. C'est d'ailleurs ce que nous enseigne le mythe de Dédale[3], père d'Icare.

Petit résumé de ses aventures : Dédale, un brillant architecte grec, fut choisi par le roi Minos pour concevoir un labyrinthe duquel nul ne pourrait s'échapper. En effet, sa majesté est un peu en colère depuis qu'il a appris que sa femme Pasiphaé l'a trompé avec un taureau (c'était là aussi une autre époque...), et souhaite y enfermer le Minotaure, rejeton mi-homme, mi-bête, de cette éphémère et douteuse amourette. Mais lorsque Dédale aide Thésée à tuer le Minotaure, le roi Minos, furieux, le fait enfermer avec son fils Icare dans le labyrinthe. Dédale, qui ne sait pas lui-même sortir de cet édifice qu'il a pourtant conçu, entreprend de construire deux paires d'ailes, pour que son fils et lui puissent s'échapper du labyrinthe par les airs. On connaît tous la suite : Icare volera trop près du soleil, ce qui fera fondre la cire qui tenait ses ailes et le précipitera dans l'océan.

---

3. Rappelons que le mythe est un récit fictionnel ayant le plus souvent une fonction explicative. Comme le rappelle Claude Lévi-Strauss dans son *Anthropologie structurale*, « la valeur intrinsèque attribuée au mythe provient de ce que les événements, censés se dérouler à un moment du temps, forment aussi une structure permanente. Celle-ci se rapporte simultanément au passé, au présent et au futur. »

Que nous enseigne cette histoire ? Ça semble assez clair : Dédale et Icare ont cherché à surmonter l'épreuve du labyrinthe grâce à la technique ; pour ça, ils seront punis, qui plus est par le Soleil en personne. Cette morale peut sembler un peu sévère, et pourtant elle est très compréhensible : qui reconnaîtrait la victoire du Soldat de l'hiver (avec son bras bionique) à un concours de bras de fer ? On penserait tous qu'il triche, en ce sens que la victoire lui revient alors que **c'est son bras qui a eu raison de ses concurrents**.

Notons également que les docteurs, ingénieurs et inventeurs de l'univers des comics sont dans leur immense majorité des super-vilains : Dr Doom, Dr Octopus, Dr Death, etc. Même les « gentils » docteurs Reed Richards (Mister Fantastic) et Hank Pim (Ant-Man) passeront du côté obscur lors de la saga *Civil War* chez Marvel. Or cette tendance des comics à faire de ces scientifiques des vilains nous pousse, là aussi, à conclure que la technique n'est que fourberie, traîtrise et déloyauté. Le Mal, quoi.

Des philosophes comme Hegel nous mettent eux aussi en garde contre les dangers de la technologie, qui nous éloigne de la Nature et de l'expérience de nos limites physiques. Pour lui, la machine est même une « tricherie face à la nature », puisqu'elle permet à l'homme de ne plus travailler directement le monde mais de le mettre à son service : de changer le « faire aveugle » de la Nature en un « faire finalisé ». Par exemple, lorsque l'homme construit un moulin à eau : il utilise le « faire aveugle » de l'eau (c'est-à-dire ses propriétés, sa « tendance » naturelle à couler) et **lui confère sa volonté pour obtenir un résultat**, c'est le « faire finalisé ». Pour Hegel, la machine est une ruse car elle détourne l'« être-là » de la Nature (le simple fait qu'elle existe, sans but précis) et le met au service de la volonté humaine. Avec la machine, l'humain abuse la Nature, puisqu'il lui fait faire ce qu'il voudrait voir advenir mais dont il ne veut pas se charger lui-même.

On fait le point

Avec Hegel, en accord avec la doxa, on pourrait donc déduire que Tony Stark a construit son armure pour **s'épargner** d'avoir à développer certaines qualités (force, endurance, etc.) à la sueur de son front.

Mais l'armure de Tony Stark est-elle vraiment déloyale ?

Peut-on réellement parler de « tricherie » dans le combat qui oppose Iron Man aux super-vilains ? Reprenons notre exemple du Soldat de l'hiver et du concours de bras de fer : à l'évidence, celui-ci tient uniquement au fait qu'il s'agit d'une compétition, d'un jeu ou d'un sport. Or, dans ce cas, les règles édictées « font » le jeu ; faites disparaître ces règles, et le jeu s'évanouit. Aussi les participants d'une telle compétition doivent-ils être respectueux de ces consignes et, pour gagner, vaincre leurs adversaires à la loyale. À part, manifestement, dans le cas du vélo...

C'est la raison pour laquelle le Soldat de l'hiver ne pourrait effectivement pas participer à une compétition de bras de fer : son bras mécanique lui offre un avantage déloyal sur les autres participants **au vu des règles du jeu**. Mais peut-on vraiment appliquer le même raisonnement à Tony Stark et à son armure, eux qui sont embarqués non pas dans une compétition mais dans un combat sans merci contre le Mal et pour le Bien commun ? Non, bien sûr. Les actions de Tony Stark ne sauraient être soumises à ce genre de considérations puisqu'**il ne joue pas**. Lorsqu'il défend des innocents, Iron Man est engagé dans une lutte *à mort* dans laquelle tous les coups sont permis, face à des ennemis qui, eux, n'hésiteront pas une seconde.

Mais Machiavel va encore plus loin dans son ouvrage *Le Prince*. Niccolò (prénom qui ne vaut pas Baruch, mais bon...) pense en effet que **le souverain ne peut pas être soumis aux lois « ordinaires » des hommes**, dans la mesure où il œuvre pour le Bien commun. Alors, pense-t-il, si la fin est juste et rend le monde meilleur, alors peu importe les moyens employés qui seront de toute façon justifiés par les conséquences. Puisque ces actions visent à profiter à la communauté, le but à atteindre est la réussite, pas la vertu ou la morale comme c'est le cas dans les actions particulières.

Aussi, selon Machiavel, les actions des super-héros ne sont pas soumises à un jugement moral : elles visent le Bien commun, en cela on ne doit pas les considérer comme « bonnes » ou « mauvaises », mais comme « efficaces » ou « inefficaces ».

C'est d'ailleurs ce principe qu'on voit à l'œuvre dans toute la saga *Civil War* chez Marvel. Lorsqu'une loi polémique scinde la communauté des super-héros en deux les opposant les uns aux autres, on sent bien que Tony Stark est persuadé que son but (qu'il croit être le seul juste et légitime) justifie les moyens qu'il emploie pour arriver à ses fins. Il ira par exemple jusqu'à faire libérer des super-vilains très dangereux (Bullseye, Le Bouffon Vert, etc.) pour l'aider dans son combat. Remarquons d'ailleurs que son principal rival, Captain America, n'ira pas dans ce genre d'extrémités (nous verrons pourquoi à l'épisode #05) : il refusera par exemple l'aide du Punisher au motif que c'est un meurtrier.

En cela, Iron Man et Captain America défendent deux visions opposées de la morale. Pour celui-ci, machiavélien, seul compte le résultat de ses actions ; pour celui-là, kantien, un acte n'est légitime que s'il est conforme à la morale et à la vertu.

Les Gardiens de la Philosophie

« La fin justifie les moyens »

Cette phrase est généralement attribuée à Machiavel, mais on ne la trouve pas directement dans ses écrits. Il s'agit plutôt d'une paraphrase, d'un adage, qui résume la pensée qu'il développe dans son célèbre essai politique *Le Prince*. Or elle est souvent mal comprise, comme en témoigne le sens actuel du terme « machiavélique », cousin proche du concept de « super-vilain ». Mais nous verrons ça plus tard... Pour l'heure, essayons avec notre équipe de héros de rendre justice à une phrase trop souvent galvaudée.

Ce que ça ne veut pas dire : Tous les moyens sont bons pour arriver à mes fins.

Ce que ça veut dire : Si le but de ton action est bon, moral, vertueux, alors les moyens que tu mets en œuvre pour y parvenir seront eux aussi bons, moraux, vertueux.

Dans son ouvrage, Machiavel explique comment devenir prince et le rester. Il écrit : « Dans les actions [...] des princes, qui ne peuvent être scrutées devant un tribunal, ce que l'on considère, c'est le résultat[4]. » Il développe ainsi une nouvelle pensée du pouvoir qui confère au souverain un statut particulier : ce dernier est **amoral**, c'est-à-dire que son action n'est pas jugée comme celle des autres hommes selon les critères de la moralité. En effet, puisque son rôle (de législateur, de chef des armées, etc.) est de garantir le Bien commun, **seuls les résultats de son action importent, quels que soient les moyens mis en œuvre pour y parvenir**.

On comprend donc que la pensée de Machiavel peut difficilement trouver un écho chez

4. Nicolas Machiavel, *Le Prince*, 1532.

le commun des mortels et guider nos actions quotidiennes. Cependant, on peut rapprocher cette pensée d'un courant philosophique : le conséquentialisme. Liée à l'utilitarisme, cette doctrine nous encourage à juger une action sur le plan moral uniquement en fonction de ses conséquences, et non de l'action elle-même. Elle s'oppose en cela à la morale déontologique, par exemple la morale kantienne, qui postule qu'il existe des actions bonnes et mauvaises par nature (voir épisodes #05 et #07).

Il faut en définitive revoir l'opposition entre « nature » et « technique »

À y regarder de plus près, on réalise qu'on ne peut pas dissocier Tony Stark et son armure. Premièrement parce qu'il s'agit d'un seul et même « agent » (au sens de « chose agissante ») : ni son armure ni lui-même ne font grand-chose de très super-héroïque l'un sans l'autre. Mais aussi et surtout car on voit très bien, dans le premier film consacré au héros, que l'électro-aimant qui alimente son armure empêche également des éclats d'obus d'atteindre son cœur.

Ce qui meut son armure est donc aussi ce qui le maintient en vie ; cependant, la fusion entre l'homme et sa machine est encore plus nette dans les premières bandes dessinées du héros. Dans le premier film, on l'évoquait, Tony Stark fabrique un électro-aimant pour rester en vie. Mais dans la bande dessinée, il fabrique tout un plastron qu'il est obligé de porter en permanence (on est au début des années 1960, on ne pouvait pas non plus exagérer avec les technologies de l'époque). Tony Stark le verbalise d'ailleurs très bien dans l'une de ses premières aventures : « Je retrouve mon identité secrète, celle d'Anthony Stark[5]. »

On le voit, pour le héros, **son identité est désormais l'Homme d'Acier**, et Tony Stark n'est qu'un costume lui permettant de préserver son anonymat. Sa vie mondaine (on dirait aujourd'hui qu'il est « *jet-setter* ») s'en trouve d'ailleurs franchement contrariée dans ces premiers épisodes, puisqu'il ne peut plus coucher avec ses conquêtes du soir ni aller se baigner au clair de lune avec ses amis philanthropes.

Cette confusion entre l'homme Tony Stark et la machine Iron Man n'est pas sans rappeler les

---

5. *Tales of Suspense*, #42, « Trapped By The Red Barbarian! », Marvel, 1963.

travaux de Marcel Mauss, qui avait bien compris qu'il existe entre la nature et la technique **non pas une opposition stricte mais un *continuum***, accompagné de phénomènes de rétroaction entre l'une et l'autre.

« On a perdu l'usage d'avaler de l'eau et de la cracher. [...] les nageurs se considéraient, de mon temps, comme des espèces de bateaux à vapeur. C'était stupide, mais enfin je fais encore ce geste : je ne peux pas me débarrasser de ma technique[6]. » On voit avec cet exemple de Marcel Mauss que les nageurs de la fin du XIXe siècle imitent les prouesses techniques de leur temps : ils avalent et recrachent l'eau comme les bateaux à vapeur qui émerveillent cette époque. La machine est au départ inspirée par le vivant, par la nature, mais on voit avec cet exemple de l'ethnologue français que **la machine inspire à son tour les hommes et les techniques du corps**.

De plus, nous apprend Mauss, il existe une rétroaction de la technique sur la nature : « Il n'existe peut-être pas de "façon naturelle" chez l'adulte. [...] Le fait que nous marchons avec des souliers transforme la position de nos pieds ;

6. Marcel Mauss, « Les Techniques du corps », dans *Journal de psychologie*, XXXII, 1936.

quand nous marchons sans souliers, nous le sentons bien[7]. »

Mais surtout : « Le premier et le plus naturel objet technique, et en même temps moyen technique, de l'homme, c'est son corps[8]. » Et avec Tony Stark, nous avons un parfait exemple de ce qu'évoque Mauss : son corps est son premier outil. « Avant les techniques à instruments, il y a l'ensemble des techniques du corps. » Effectivement, pour se battre avec son armure d'Iron Man, Tony Stark a besoin de s'entraîner au combat. **C'est la technique du corps qui lui permet de manipuler son instrument**. « Le dressage, remarque Mauss [l'entraînement étant ici un "auto-dressage"], comme le montage d'une machine, est la recherche, l'acquisition d'un rendement. Ici c'est un rendement humain[9]. » On comprend alors que Tony Stark ne triche pas avec son armure, il partage simplement son temps de préparation (sa « recherche de rendement », dirait Mauss) entre son corps qu'il entraîne et son armure qu'il perfectionne.

---

7. Marcel Mauss, « Les Techniques du corps », op.cit.
8. Ibid.
9. Ibid.

Parce qu'il lui a fallu un sacré entraînement pour devenir le super-héros connu sous le nom d'Iron Man ! On est en effet témoins de ses errements dans le premier film, mais également dans sa première aventure en bande dessinée, où il hésite, chute, puis finalement met le feu à son laboratoire avant d'arriver à maîtriser la puissance de son armure. On le voit se familiariser avec ses nouveau poids, centre de gravité, force, inertie, etc. Ce n'est qu'au terme de cet entraînement qu'il pourra faire face à des super-vilains comme Ultron, Whiplash ou le Mandarin.

Cette nécessité d'un entraînement est encore plus évidente dans le film *Iron Man 2*[10]. On y voit le colonel James Rhodes, allié de longue date de l'Homme d'Acier, enfiler une des armures pour arrêter un Tony Stark passablement éméché. S'ensuit un combat entre les deux hommes, chacun vêtu d'une armure Iron Man. C'est évidemment Tony Stark qui sortira vainqueur de ce duel, non grâce à son outil lui-même (les deux armures étant manifestement strictement équivalentes),

10. Dont la *baseline* américaine est d'ailleurs : « Ce n'est pas l'armure qui fait le héros, mais l'homme qui la porte. » *Iron Man 2*, réalisé par Jon Favreau, 2010.

mais bien grâce à **une meilleure connaissance** de la machine et de son utilisation.

Point Flash

Pour résumer, l'armure de Tony Stark n'est ni une tricherie, ni une ruse, ni un subterfuge. Tout d'abord car le concept de « triche » ne saurait être invoqué lorsque le destin du monde ou de l'humanité est en jeu, comme c'est le cas dans les aventures du héros. Mais surtout car cette armure lui a demandé un entraînement au moins aussi important que n'importe quel super-héros aux pouvoirs « naturels ». En réalité, l'armure de Tony Stark lui confère plutôt un certain mérite : c'est l'un des rares super-héros qui ait planifié et développé lui-même ses super-pouvoirs.

> L'homme est un animal suspendu
> dans une toile de significations
> qu'il a lui-même tissée[1].

Épisode #03

La nature

L'Homme-araignée est-il contre nature ?

Peter Parker, un étudiant en sciences orphelin, vit avec son oncle et sa tante, Ben et May Parker. Un jour, alors qu'il visite une exposition scientifique dans les laboratoires d'Oscorp, Peter se fait piquer par une araignée irradiée. Pas de chance, me direz-vous, sauf que cet incident le dote des capacités de l'insecte : réflexes, rapidité, agilité et un nouveau sens qui lui permet de percevoir le danger. Comment interpréter ce qui lui arrive ?

1. Clifford Geertz, « La description dense. Vers une théorie interprétative de la culture », *Enquête*, n° 6, 1998.

L'Homme-araignée est-il le produit d'une Nature qui reprend ses droits ? Ou, au contraire, une aberration de la science humaine (dont Oscorp serait le symbole) ? À travers le héros de Marvel, métaphorique de l'Homme en général en tant qu'il est le produit de sa communauté plus que de la Nature, on peut se poser la question de la place de l'espèce humaine au sein de la Création.

Plus homme qu'animal ?

L'Homme-araignée – et donc à travers lui l'humanité dont il est issu – ne semble pas une espèce comme les autres. Rappelons que ce qui définit le vivant par rapport à la matière inanimée est sa nature de corps qui se maintient en vie, se régénère et se développe (à partir des aliments qu'il assimile), mais aussi se reproduit en transmettant les caractères de l'espèce ; ce qui n'est pas le cas d'une montre, pour reprendre un exemple de Kant[2], ou du billet de 10 euros dans mon portefeuille, hélas ! Parce qu'ils sont des organismes vivants, les animaux se nourrissent et croissent, travaillant ainsi à leur conservation et

2. Dans une montre, « un rouage ne peut en produire un autre, pas plus qu'une montre ne peut produire d'autres montres » (Kant, *Critique de la faculté de juger,* 1790).

à celle de leur race. Mais Spider-Man, lui, se met sans cesse en danger, au mépris de tout impératif de conservation, accumule les blessures, perd sa première compagne (Gwen Stacy) du fait de la mission qu'il s'est assignée, et ne se reproduit d'ailleurs que dans un univers parallèle tout à fait virtuel (la série *What If* qui explore ce qui se serait passé si...) avec sa deuxième compagne Mary-Jane Watson, donnant naissance à une Spider-Girl et un petit Benjy.

On fait le point

Cet Homme-araignée se révèle donc bien peu animal et prédateur, contrairement à l'insecte qu'il évoque dès son premier épisode, aux New-Yorkais médusés : « Regardez, il se balance sur ce fil comme une araignée humaine[3] ! » s'exclame un passant.

3. *The Amazing Spider-Man,* #001, « Spider-Man vs. The Chameleon », Marvel, 1963.

Spider-Man *and co* aux prises avec les vilaines bêtes de René

En cela, il s'oppose à toute une tradition de super-vilains précisément animés par de bas instincts de prédation, croissance et domination : le Vautour, dès *The Amazing Spider-Man* #2, Octopus dans le #3, le Lézard dans le #6 mais aussi Scorpio (en 1965 choisi par Stan Lee et Kirby « parce que les scorpions se nourrissent d'araignées[4] »), puis Rhino l'année suivante ou encore (preuve que le ridicule ne tue pas) le Kangourou en 1970. Tous ces prédateurs rappellent la théorie des animaux-machines de Descartes.

Selon le philosophe français du XVIIe siècle, les animaux obéissent en effet à leurs pulsions, et donc au principe de causalité (voir l'épisode #10) : tel stimulus extérieur (par exemple l'odeur d'une proie ou celle d'une femelle) entraîne chez l'animal telle réponse comportementale prévisible (l'attaque ou le désir…). Descartes affirme donc que des savants pourraient un jour créer une machine qui serait animale, pour peu qu'ils sachent programmer des réactions adéquates…

4. *Les Chroniques de Marvel de 1939 à aujourd'hui*, Éditions Semic, 2009.

Or rappelons qu'au cours des aventures de l'ami Spidey, certains des vilains précités comme le Scorpion ou le Vautour se révèlent justement des panoplies mécaniques endossées par des vilains (et non des créatures issues spontanément de la Nature !). C'est d'ailleurs encore le cas du « Rhino » ou même du Dr Octopus, tous deux nés de la fusion d'un être humain avec sa panoplie mécanique.

Brillant atomiste un peu mégalo, Otto Octavius imagine en effet un harnais thoracique prolongé de quatre tentacules métalliques lui permettant de manipuler de dangereuses substances radioactives à distance (et de prendre beaucoup d'avance lors des soirées raclette). Mais au cours d'un accident de laboratoire, les liquides radioactifs explosent et irradient le savant, soudant le harnais à sa peau, tout en endommageant une zone de son cerveau. On peut d'ailleurs se demander s'il ne s'agissait pas de la partie où se loge le libre arbitre, vu son comportement de plus en plus impulsif et agressif[5] !

---

5. « Mais le cerveau du Dr Octopus, le cerveau qui a été endommagé par les radiations, réagit d'une manière bien hostile ! » souligne une case de l'épisode #003 de *The Amazing Spider-Man*, « Spider-Man vs. Doctor Octopus », Marvel, 1963.

On fait le point…

Ainsi, on peut dire avec Descartes que grâce au libre arbitre, l'homme – et son héros Spider-Man – n'obéit pas à une logique instinctive ; contrairement aux « animaux-machines » dont le pulsionnel Octopus nous offre un bel exemple. Notez au passage que l'un des premiers méfaits du vilain consiste à libérer les bêtes sauvages du zoo de la ville pour générer le chaos (tout un symbole[6] !).

On retrouve d'ailleurs cette philosophie chez l'autre grand éditeur de comics DC avec Cheetah – cette vieille adversaire de Wonder Woman (*Wonder Woman* #6 en 1956). À l'origine aristocrate capricieuse du nom de Priscilla Rich, elle devient un soir cette vilaine femme-panthère parce qu'elle est un être de pulsions : l'animal lui apparaît dans la glace et lui annonce « Je suis la vraie toi ».

Sans oublier, dans un tout autre univers (et chez un troisième éditeur), les vilains porcin et rhinocé-

6. *The Amazing Spider-Man*, #003, « Spider-Man Versus Doctor Octopus », Marvel, 1963.

rosoïde Bebop et Rocksteady, créatures brutales et avides que combattent les Tortues Ninja. Tel Spider-Man, nos héros en masques et carapaces ont justement appris à maîtriser leurs instincts animaux, grâce à l'apprentissage du *ninjutsu* délivré par leur *senseï*, le rat mutant Splinter. À dominer les instincts qui rendent leurs adversaires si brutaux et voraces, précisément. Notons pour finir qu'on a la même logique instinctive de pouvoir et de colonisation avec des vilains végétaux comme Poison Ivy chez Batman ou encore le Wood King de la planète Appelax dans la Justice League (un arbre qui tente de transformer Flash, Green Lantern et tous leurs amis en végétaux[7]).

Ainsi, le super-vilain volontiers assimilé au règne animal ou végétal s'affirme surtout comme super-prédateur sans morale, voué à accroître son être et son territoire. De quoi se demander si tout ça ne symboliserait pas la vieille lutte de l'homme avec son milieu naturel…

Mais pour aller plus loin, et reprendre les mots d'un contemporain de Descartes du nom de

7. Le personnage rappelle un peu Groot, monstre extraterrestre de Marvel récemment popularisé au cinéma par *Les Gardiens de la Galaxie* et lui aussi vilain d'ailleurs, avant son affiliation à l'équipe précitée.

Thomas Hobbes, on en vient même à se demander s'il ne faudrait pas enfin et surtout voir les vilains de ce type comme des représentants d'un « état de nature [où] l'homme [constitue] un loup pour l'homme ». Tandis que l'Homme *civilisé*, incarné ici par Spider-Man, mettrait son énergie et sa détermination **au service de valeurs politiques et morales *sociétales* « nobles », comme la justice**.

Les Gardiens de la Philosophie

« L'homme est un loup pour l'homme »

Notre super-équipe pourfendeuse de malentendus philosophiques arrive en urgence pour dissiper les méprises qui entourent cette vieille formule. « *Homo homini lupus est* », souvent attribuée à Hobbes, est en réalité déjà présente chez Plaute et Pline l'Ancien dans l'Antiquité, puis fut reprise par Érasme, Rabelais et Montaigne (cocorico !). Elle sera enfin popularisée par l'Anglais Thomas Hobbes dans son ouvrage *De cive* (*Du Citoyen*), et non *Le Léviathan*, comme le répète à tort le gros de la meute.

Ce que ça ne veut pas dire : Certains ont cru qu'il s'agissait de faire de l'homme une créature vicieuse, avide de défier ses congénères et de se hisser au rang de mâle alpha. L'homme serait, par nature, un être bestial aux instincts *cruels* (un adjectif étymologiquement dérivé de « *cruor* » qui signifie le sang versé).

Ce que ça veut vraiment dire : Thomas Hobbes procède à une expérience de pensée : il imagine les hommes d'*avant la société*, et appelle cet ensemble d'individus ou de petits clans familiaux très limités en nombre « l'état de nature ». Dans cette configuration, les hommes désirent souvent la même chose : le plus bel emplacement pour faire une cabane, la femelle la plus attirante, le coin le plus poissonneux pour pêcher, la plus grosse part de pizza, etc. S'ensuit un état de « guerre de tous contre tous » où les plus forts et les plus intelligents l'emportent et règnent, tout comme la peur de perdre ce qu'on a fragilement acquis. La civilisation ne se développe pas car personne ne va se lancer dans de gros travaux de construction de maisons, d'écoles ou de fours à pizzas, voire de jardinage sachant qu'il risque de perdre sa cabane, son brasero ou son potager le jour d'après. À ce stade, les notions de justice et d'injustice n'existent pas encore car les hommes ne sont encore collectivement soumis à aucune autorité politique, et n'ont formulé aucun interdit par le biais d'aucune loi. Dans une telle configuration (hypothétique, on le rappelle), l'homme serait un animal livré à ses désirs, sans aucun frein à ses envies certes, mais sans protection contre un voisin concupiscent ou jaloux.

Ce type de société ne concevrait ainsi ni le vol ni le viol : tout pourrait m'appartenir pour peu que j'aie la force ou la ruse de me l'approprier. Mais en contrepartie, je constituerais structurellement – et non en vertu d'une pulsion bestiale (c'est là tout le malentendu autour de la formule de Hobbes) – une menace (« un loup ») pour mon voisin de jungle.

Si Hobbes imagine ce scénario, c'est pour mieux comprendre la logique de contrat social de nos sociétés, où l'ensemble des hommes va reconnaître la propriété de chacun, et se doter des moyens policiers et juridiques de la faire respecter. Ce faisant, la société humaine devient une force de défense pour l'individu, comparable à un dieu souverain protecteur, comme l'illustre la formule hobbesienne complète : « *Et certainement, il est également vrai et qu'un homme est un dieu à un autre homme, et qu'un homme est aussi un loup à un autre homme. [...] Par le moyen de la justice et de la charité, on s'approche de la ressemblance de Dieu*[8]. »

8. Thomas Hobbes, *Le Citoyen*, 1642.

Darwin, vrai papa de Spider-Man et des supra-humains ?

Mais Darwin & Spinoza ne suivent pas cette vision de l'homme (araignée) qui l'excepte du règne animal et « conçoi[t] l'homme dans la Nature comme un empire dans un empire[9] ». Notre équipe de super-savants avance pour cela deux arguments principaux qui s'articulent.

Darwin nous apprend qu'il existe une continuité entre l'animal et l'homme (et les comics aussi). En 1963, Stan Lee se rend compte que « jusqu'à présent, tous [s]es héros ont acquis leurs pouvoirs par une intervention extérieure [humaine] : l'Homme-araignée a été mordu par une araignée radioactive, les Quatre Fantastiques ont été exposés aux rayons cosmiques et Iron Man blessé et emprisonné. Lee veut trouver une nouvelle source de super-pouvoirs. La réponse est évidente. Et si les nouveaux héros [en l'occurrence les X-Men] étaient tout simplement nés avec ces pouvoirs[10] ? »

Une idée proprement darwinienne puisque, selon le naturaliste anglais, l'évolution procède

9. Baruch Spinoza, *Éthique*, 1677.

10. *Les Chroniques de Marvel de 1939 à aujourd'hui*, Éditions Semic, 2009.

par mutations génétiques qui se pérennisent. Or si les super-pouvoirs naissaient de gènes humains ayant muté pour s'imposer ensuite chez la descendance des individus, ce serait par un processus naturel. *Le supra-humain devient donc un produit naturel et non pas une exception humaine*, ce qui nous rappelle la sentence de l'ami Charlie : « Mon propos est d'inscrire l'homme dans la série animale[11]. »

C'est aussi ce que fait symboliquement Spider-Man, quand, confronté à un homme-reptile, son premier réflexe est d'aller se renseigner au muséum d'Histoire naturelle[12]. Darwin souligne la continuité entre l'animal et l'homme donc ; et les comics s'en font l'écho, en ajoutant le chaînon du supra-humain.

Conséquence de cette continuité : **pour le savant britannique, la civilisation humaine** a beau être une tendance locale qui contrevient en partie aux lois générales de la nature, elle **trouve son origine dans la « sympathie » animale**. L'homme n'a en effet pas le monopole de l'entraide et de la bienveillance ; de tels élans de

11. Charles Darwin, *The Descent of Men*, 1871.
12. *The Amazing Spider-Man* #006, « Face-to-face With the Lizard ! », Marvel, 1963.

solidarité s'observant aussi chez les singes, pour ne prendre qu'un exemple.

Or bien avant les X-Men, chez Marvel (qui à l'époque s'appelait encore Atlas Comics) comme chez DC, un certain nombre de super-héros à classer dans le genre « enfants sauvages » illustrent déjà l'idée d'une continuité entre le monde animal et humain, fondée sur la solidarité. C'est le cas de Kaz-Ar (sorte de Tarzan recueilli par les lions, en 1930) ou « Lorna, reine de la jungle » (1953) mais aussi de Black Condor (chez DC en 1940). « Ce qu'il y a de curieux, observe le philosophe Christian Godin, c'est que l'idée que nous avons des enfants sauvages va totalement à rebours du sens du mythe [traditionnel] tel qu'il commence avec l'histoire de Romulus et Remus, lequel est d'indiquer non seulement l'origine animale de l'être humain mais aussi son animalité [ou agressivité] profonde [...]. Réellement, Romulus et Remus sont de petits loups et au moment de la fondation de Rome qui coïncide avec l'acte le plus immoral, le plus fratricide, ils se comportent encore comme des loups[13]. »

13. Axel Kahn et Christian Godin, *L'Homme, le bien, le mal*, 2013.

Pour les comics donc, le passage de l'humain à l'animal ne relève pas d'une rupture brutale (voire sanglante, comme pour le mythe de Romulus et Remus), mais d'un *continuum* progressif avec, non plus l'agressivité comme dénominateur commun des animaux et des hommes, mais au contraire une certaine sociabilité.

Paradoxalement, c'est même un super-vilain de l'univers DC qui illustre le mieux cette continuité darwinienne homme-singe dans la sympathie : Monsieur Mallah. Avant sa mort, un scientifique français (une nationalité qui expose statistiquement à la vilenie d'après les comics, sachez-le) mène une expérience sur un gorille capturé en Afrique et le dote de l'intelligence d'un génie. Quand le scientifique meurt, le primate nommé Monsieur Mallah lui retire son cerveau et le place dans un réceptacle relié à un réseau informatique (que c'est beau, la solidarité inter-espèces !). Tous deux monteront « la Confrérie du Mal » (Society of Sin) qui attaquera la Doom Patrol puis les Teen Titans.

Avec tous ces héros élevés par des animaux, les comics posent ainsi (comme Darwin) l'origine de la conscience morale *dans la Nature*. Elle tire ainsi son fondement d'une sorte de morale instinctive pré-humaine et pré-civilisationnelle qu'illustre bien le sens arachnéen de Spider-Man capable de déceler le fait que, quelque part dans la ville, *on commet le Mal* (qu'on me pique mon billet de 10 euros par exemple, lequel avait déjà l'inélégance de ne pas se reproduire !).

Car une sorte de morale réflexe régit bien les actes du monde animal. Certains scientifiques pensent qu'elle obéit à un principe d'économie d'énergie ou de préservation de l'écosystème, mais toujours est-il qu'elle voit les dominants naturels limiter leurs pouvoirs et épargner des proies potentielles en s'abstenant de chasser pour le plaisir par exemple. Dire que « L'homme est un loup pour l'homme [n'est] vous en conviendrez [...] pas très gentil pour le loup, s'amuse ainsi l'anthropologue Serge Bouchard. Les loups, en effet, contrairement aux hommes ne se mangent pas entre eux[14]. » C'est ce qu'illustre enfin le chasseur Kraven chez Spider-Man, désireux d'ajouter à son tableau « le gibier le plus dangereux, c'est-à-dire l'homme [mais] je me distinguerai en chassant le plus dangereux des hommes, celui qui se fait appeler Spider-Man[15] ! ».

---

14. Serge Bouchard, *Quinze lieux communs*, Boréal, 1994.
15. *The Amazing Spider-Man,* vol. 1, #15, « Kraven The Hunter ! », Marvel, 1964.

Sa perversion se révèle beaucoup plus humaine qu'animale, au final : comme le remarquait Bouchard, le loup ne chasse pas le loup ! De quoi conclure avec Kant que « la nature commence par le bien, car elle est l'œuvre de Dieu ; la liberté commence par le mal car elle est l'œuvre de l'homme[16] ».

On fait le point

Les comics soulignent souvent à quel point l'homme est un animal comme les autres ; et ce, non pas au sens de « bête cruelle » mais plutôt de « créature capable de sociabilité ». « Voyez cette chatte avec ses petits, écrit André Comte-Sponville, voyez ce chien qui joue avec des enfants... L'humanité n'invente pas la douceur. Mais elle la cultive, mais elle s'en nourrit, et c'est ce qui rend [paradoxalement] l'humanité plus humaine[17]. »

16. Emmanuel Kant, *Conjectures sur le commencement de l'histoire humaine*, 1786.

17. André Comte-Sponville, *Petit Traité des grandes vertus*, « La douceur », PUF/Seuil, 1995.

L'Homme-araignée comme animal politique

Dans une perspective qui mêlerait Aristote aux théoriciens du contrat social (façon Hobbes et Rousseau), **la civilisation devient ainsi *la nature de l'homme***. Une nature qui ne peut paradoxalement se réaliser dans l'individu que grâce à l'éducation, comme l'analyse Jean-Jacques Rousseau : « Par son instinct, un animal, dès qu'il naît, est déjà tout ce qu'il doit et peut être », alors que, nous rappelle Kant, « l'homme ne peut devenir homme que par l'éducation[18] ». **Il est ainsi dans la nature de l'homme que de développer un langage et de s'organiser en société** pour que ses nouveau-nés acquièrent une culture, avec des interdits posés par l'éducation et des principes de justice. L'homme est ainsi un animal politique – le « *zoon politikon* » d'Aristote, ce qu'illustre parfaitement un Spider-Man patrouillant dans la ville (la Cité, dirait Aristote) et lançant ses toiles de gratte-ciel en gratte-ciel, suspendu entre ciel et terre.

Selon le philosophe grec, mais dans le *Traité de l'âme* cette fois, l'homme est ainsi cet être qui articule **âme végétative** (par notre respiration, nous

---

18. Emmanuel Kant, *Réflexions sur l'éducation*, 1803.

nous rapprochons des plantes, une parenté que Poison Ivy connaît bien), **âme sensitive** (par notre capacité à sentir et souffrir, nous nous rapprochons des animaux, une parenté qu'Animal Man[19] connaît bien) et enfin une **âme intellective** qui nous définit en propre, nous comme nos super-héros.

Tant et si bien qu'un animal mutant qui en serait doté se hisserait à l'humanité/supra-humanité, comme le montrent les cas des Tortues Ninja (reptiles doués de parole et d'intelligence, faisant régner la justice dans New York) ou de Pantha chez les New Titans de DC (apparu en 1991), un chat-garou femelle créé par la Wildebest Society par modification de l'ADN humain. Alors que la majorité des cobayes modifiés par la Society périssent, Pantha survit et s'échappe pour intégrer plus tard l'équipe des Titans. Ce personnage nous intéresse tout particulièrement en ce que Pantha se demande constamment si elle est une femme devenue chat, ou un chat devenu femme.

---

19. *Animal Man* (série DC Comics) : un vaisseau spatial extraterrestre se crashe à côté du cascadeur de cinéma Buddy Baker qui en reçoit la faculté d'adapter et d'utiliser le pouvoir des animaux.

Or comme nous l'avons vu avec Spider-Man, les X-Men ou les Tortues Ninja (par opposition à Bebop et Rocksteady), c'est moins la généalogie de la créature qui importe que l'articulation des deux dimensions, *et ce que l'individu choisit d'exprimer, entre pulsions et conduite civique* (voir épisode #01).

Ainsi, l'adversaire de Spider-Man, Rhino (mafieux russe déguisé en rhinocéros qui a fusionné avec son costume à la suite de radiations, et acquis une force prodigieuse), se voit proposer par les agents du S.H.I.E.L.D. une opération qui le libérerait de sa nouvelle peau. La condition ? Cesser ses activités criminelles. Mais il refuse et *se choisit* Rhinocéros et bestial… De quoi conclure avec Nietzsche que l'homme est bien, à l'image de l'univers de Spider-Man, « une corde tendue entre l'animal et le surhomme [même si nos super-héros ne correspondent pas au concept de "surhomme" nietzschéen, comme nous l'avons vu dans l'épisode #01, gardons l'idée de dépassement de soi commune aux deux…], une corde au-dessus d'un abîme ».

Point Flash

Spider-Man, comme l'être humain, ne s'avère au final PAS contre nature. Il faut cependant reconnaître qu'il est caractéristique de son espèce (humaine) de transformer parfois brutalement la Nature qui l'entoure pour développer une civilisation scientifique, politique et morale qui le distingue des autres animaux.

Mais si cette civilisation naît d'un « contrat social » (Hobbes, Rousseau…), elle dérive aussi, pour un penseur comme Charles Darwin cher aux comics, d'une sociabilité animale naturelle tout en s'inscrivant, selon Aristote, dans une continuité entre les règnes végétal, animal et humain.

Imagine un peu tout le bien qu'il pourrait faire[1] !

Épisode #04

L'action

Pourquoi la paresse est-elle un très vilain *défaut ?*

On a tous déjà ressenti l'envie de glander, de traînasser, de flemmarder... Comme ces lundis matin, vers 7 heures, lorsque la fonction réveil de notre téléphone n'oublie pas de se mettre en marche. Rester sous la couette (au lieu de filer à son cours de philo, par exemple) est-il un besoin naturel légitime, qu'on soit super-lycéen ou super-adulte avec des responsabilités ? Et le cas échéant, à quel prix l'exerce-t-on ?

1. Ray Embrey à sa femme, au sujet du super-héros Hancock dans le film homonyme de Peter Berg, 2008.

En transposant cette question aux super-héros – et plus particulièrement à Spider-Man, Superman et Hancock –, nous allons pouvoir explorer tous les enjeux d'un défaut peut-être pas si anodin…

La paresse, un défaut contre nature ?

Aux antipodes des lieux communs modernes, les super-penseurs de l'Antiquité ont réussi à critiquer l'inaction sans pour autant glorifier le travail en tant que tel, le productivisme, voire le « bougisme ». C'est notamment le cas de Marc Aurèle, un philosophe stoïcien (voir galerie des personnages) qui fut également – on ne se refuse rien – empereur romain au IIe siècle. Mais c'est aussi la vision des auteurs de Spider-Man, à en croire les premières aventures sur papier de l'Homme-araignée !

Commençons avec Marc Aurèle. L'empereur-philosophe condamne le désœuvrement en évoquant dans ses *Pensées* le cas du repos matinal qu'on souhaite prolonger – la grasse matinée du lundi matin en somme. Sa question est la suivante : qu'est-ce qui justifie de se lever le matin et nous en donne l'obligation ?

Pour élucider ce problème, il va dialoguer avec lui-même et opposer à son envie de dormir des arguments rationnels. « Le matin, quand il te coûte de te réveiller, que cette pensée te soit présente : c'est pour faire œuvre d'Homme que je m'éveille. » Pour lui, le devoir émane de la Nature même : **elle nous a fait Homme, il faut donc nous lever pour aller remplir le rôle**[2] **propre à notre espèce**. De plus, rester inactif est contraire à ce que prescrit la Nature pour *tout* être vivant, qu'il soit plante, insecte ou homme. Chaque être vivant accomplit son œuvre, sa fonction propre : « Ne vois-tu pas que les plantes, les passereaux, les fourmis, les araignées, les abeilles font leurs tâches propres et contribuent pour leur part au bon agencement du monde ? Alors toi, tu ne veux pas faire ce qui convient à l'Homme ? Tu ne cours pas à la tâche qui est conforme à ta nature ? » demande Marc Aurèle à sa mauvaise conscience pour se tirer du lit. On remarque au passage que le philosophe ne se limite pas à l'exemple évident des espèces « industrieuses » comme les mouches à miel, mais élargit ce devoir à *toutes les créatures vivantes*, qu'elles soient végétales, rampantes, volantes. Alors que, pour être honnête, mon ficus me donne franchement l'impression de glander toute la journée…

2. Le mot grec exact est « *ergon* », c'est-à-dire l'« œuvre ».

Eh bien non, rétorque Marc Aurèle, mon ficus ne flemmarde pas plus que votre chat : comme tout ce qui vit, ils s'activent pour se conserver (créer de la matière organique pour le ficus, chasser les croquettes pour le chat), conformément à leur nature. Il en découle **un devoir pour les êtres vivants, dont l'Homme, de ne pas rester inactifs et de prendre leur part à l'œuvre du monde.**

Hommes et araignées partagent donc cet impératif, dans une perspective tout à fait conforme aux conclusions de notre épisode #03. Le philosophe aurait d'ailleurs vu d'un très mauvais œil les débuts cinématographiques de Spider-Man… Dans le film de Sam Raimi (2002), le héros commence en effet sa carrière de justicier en dilettante : il fait le kéké à se balancer sur les toits, il gagne un peu d'argent facile dans des combats illégaux, mais lorsqu'un malfrat qui vient de commettre un casse lui passe devant, l'adolescent ne prend même pas la peine de lui faire un croche-patte pour l'arrêter. Peter Parker, Spider-Man depuis peu, paiera un lourd tribut pour ce qu'il croyait être une innocente petite « flemme », car ce malfrat tuera son oncle Ben dans la foulée pour lui piquer sa voiture.

Notre héros comprendra alors à la dure ces mots de son oncle, prononcés quelques jours plus tôt : « De grands pouvoirs entraînent de grandes responsabilités. » Une leçon digne de Marc Aurèle, pour qui, en bon stoïcien, **il faut agir conformément à la Nature et à la direction qu'elle nous demande de prendre**. Si notre empereur s'exhorte lui-même à quitter son plumard pour remplir sa fonction d'homme et de politique, il y a fort à parier qu'il aurait grogné en voyant l'ado s'abstenir de tendre la jambe pour rendre la justice.

Pour autant, ne nous y trompons pas, car cette condamnation de la fainéantise n'est pas du tout synonyme d'éloge du travail dans son sens moderne d'« activité professionnelle ». Dans l'Antiquité, être actif ne signifiait pas « s'acquitter d'un labeur ». Si les Grecs méprisaient le désœuvrement, ils ne valorisaient pas pour autant le travail nourricier (« *ponos* » ou « *ergasia* »), qu'ils réservaient aux esclaves. Ils estimaient en revanche l'activité politique, qui consistait à prendre soin des affaires de la cité ou de l'Empire : la plus haute fonction (« *ergon* ») selon eux ! **Le contraire de la paresse n'est donc pas pour les Grecs le travail besogneux et « alimentaire », mais une vie active de citoyen, débarrassée de ces nécessités-là par l'esclavage**.

On fait le point

Parce qu'il fait partie de la Nature, l'Homme doit prendre sa part à l'œuvre du monde. Aussi la paresse d'un Spider-Man qui renonce à agir comme le « *zoon politikon* », l'« animal politique » qu'il est pourtant, va contre *sa nature* (voir épisode #03).

On l'a vu, notre Homme-araignée est immédiatement puni pour sa paresse. Mais il expie également sa faute au long cours, puisqu'il lui faut, dès les épisodes suivant la mort de son oncle, trouver un petit boulot pour aider sa tante à payer les factures. Cet enjeu deviendra très important au fil des épisodes dès les années 1960, et extrêmement stressant pour l'intéressé. Ainsi, à la culpabilité s'ajoute la difficulté à mener de front ses études, sa mission de justicier, et son nouveau job de photographe du *Daily Bugle*, un quotidien dont le rédacteur en chef tyrannique, Jameson, déteste Spider-Man… Un travail d'esclave analyserait Marc Aurèle, tout en ajoutant que c'est ce qu'on récolte quand on ose se dérober à un mandat suprême comme celui de super-héros (ou de super-roi, puisque Markie Mark est lui-même empereur).

Et le plaisir et le besoin dans tout ça ?

Toujours dans le texte des *Pensées* dont nous sommes partis, la petite voix paresseuse revient à la charge et souffle en substance à Marc Aurèle que tout ça, c'est bien joli, mais qu'il est malgré tout beaucoup plus agréable de rester au lit et de dormir encore un peu, « juste 5 minutes » comme on dit. « Es-tu donc né pour l'agrément ? » se reprend-il. Vivre, c'est en effet s'activer et pas seulement se reposer ou jouir, et aucun animal (pas même l'Homme) n'est fait pour s'adonner indéfiniment à ce bonheur immédiat des sens qu'on appelle le plaisir.

« Mais il faut bien se reposer ! » essaye alors son démon intérieur. Invoquer cette raison est très malin, puisqu'il s'agit d'un besoin naturel, argument sans cesse brandi par le côté raisonnable de Marc Aurèle ! De plus, il est difficile de nier que toutes les créatures ont *besoin* de dormir... Toutes les créatures terrestres, devrions-nous ajouter.

Umberto 1 – Superman 0

Superman, lui, ne dort pas. En tout cas pas avant les années 1970. En effet, son créateur Jerry Siegel l'avait imaginé comme un extraterrestre capable de photo-synthétiser directement l'énergie solaire, sans avoir besoin de se reposer, de manger (ce qu'il fait pourtant, pour des raisons sociales et de convivialité évidentes) ni même de respirer.

« En voilà un héros qui n'est pas paresseux », pensez-vous certainement, puisque le garçon ne prend même pas la peine de dormir. Et pourtant, se demande Umberto Eco, Superman n'est-il pas un peu paresseux à sa manière ? Les bonnes actions de ses premiers épisodes sont-elles à la hauteur de ce métabolisme exceptionnel ? Rien n'est moins sûr… Dans un article de 1976 intitulé « Le Mythe de Superman[3] », le sémiologue dresse une analyse critique du Kryptonien et de sa pseudo-bienfaisance :

« Superman est pratiquement tout-puissant, observe-t-il, pour ce qui concerne ses capacités physiques, mentales et technologiques […]. Sa

3. Repris dans l'essai *De Superman au surhomme*, traduit en France en 1993.

capacité opérationnelle s'étend sur une échelle cosmique. Or un être doué de telles capacités et voué au bien de l'humanité [...] aurait devant lui un champ d'action immense. De la part d'un homme qui peut produire du travail et de la richesse en dimensions astronomiques et en quelques secondes, on pourrait s'attendre aux bouleversements les plus étonnants de l'ordre politique, économique, technologique du monde. De la solution aux problèmes de la famine, au défrichement de zones inhabitables et à la destruction de systèmes inhumains [...], pourquoi ne va-t-il pas libérer six cents millions de Chinois du joug de Mao ? [...] Superman pourrait exercer le bien au niveau cosmique, galactique, et nous fournir, en même temps, une définition qui, par l'amplification fantastique, établirait ainsi des lignes éthiques précises. »

Mais pour Umberto Eco, ce n'est pas le cas en 1976. Ce que le penseur italien dénonce, c'est le manque d'envergure de l'action du super-héros, une action qui se limite à de petites communautés : « Smallville » (le nom est éloquent) puis Metropolis (même si le Kryptonien assure parfois quelques missions sur d'autres planètes).

« Dans les limites de sa *little town*, le mal, l'unique mal contre lequel se battre lui apparaît sous les [...] les traits de criminel[s] occupé[s] à cambrioler les banques et les voitures postales mais non à faire la contrebande des stupéfiants ni – bien sûr – à corrompre les administrateurs et les hommes politiques. *En d'autres termes, l'unique forme visible que le mal assume est l'atteinte à la propriété privée.* »

Et vous, qu'en pensez-vous ? Superman déploie-t-il une action à la hauteur des pouvoirs dont il a naturellement hérité ? Ou se limite-t-il à faire en sorte que les riches gardent bien leurs économies ?

C'est une question d'amour de soi et de la nature !

Revenons à Marc Aurèle et à son démon de la paresse qui le taquine. Le philosophe concède que, sur Terre, le repos est un besoin de toutes les créatures à l'exception des Kryptoniens. Mais, ajoute-t-il, « la Nature a déterminé la mesure du repos, comme elle a déterminé celle du boire et du manger, [...] ne dépasses-tu pas cette norme et ne vas-tu pas au-delà du nécessaire ? ». Très bonne question : tu as besoin de recharger tes batteries, certes, mais ne te prélasses-tu pas *trop* ? **La paresse se retrouve donc définie comme une détente excessive, qui passe la mesure du besoin et cède au plaisir** en se donnant l'excuse du repos.

On peut d'ailleurs compléter ce constat d'une remarque de saint Augustin. Pour le philosophe du Moyen Âge, toute satisfaction d'un besoin s'accompagne d'un plaisir. On peut alors pousser la réflexion de Marc Aurèle : quand je décrète que je dois me reposer, est-ce que je cède au besoin ou à la promesse du plaisir ?

De plus, nous rappelle Paul Ricœur, « L'homme est homme par son pouvoir d'affronter ses besoins [... et si] je ne suis pas maître du besoin comme manque, je peux le repousser comme raison d'agir. » On peut toujours, selon lui, retarder la satisfaction des besoins (manger dormir, uriner...) lorsqu'ils se manifestent.

Pourquoi la paresse est-elle un péché capital ?

Avant la paresse était l'acédie : « L'acédie est plus riche et plus dense qu'une simple paresse spirituelle, [c'est] une véritable cassure dans la marche à la rencontre de Dieu[4] », explique le Révérend Père dom Jean-Charles Nault. On peut dire que le ton est donné, et on sent bien que le Dieu des chrétiens n'est pas tellement choucard avec cette mauvaise manie.

Parfois considérée comme un simple vice, l'acédie fera néanmoins partie de la liste des péchés capitaux dressée au IVe siècle par Évagre le Pontique. Mais alors, qu'est-ce qu'un péché capital ? Et pourquoi la paresse – vue aujourd'hui plutôt comme une mauvaise habitude – en fait-elle partie ?

L'adjectif « capital » signifie comme nous le savons tous « de la plus haute importance ». Cependant il revêt ici un sens plus proche de son étymologie latine : *caput*, « la tête », qui en droit romain désignait par extension « le citoyen ».

4. www.la-croix.com/Archives/2015-10-10/L-acedie-2015-10-10-1366901

Ainsi, un péché capital désigne :

– un péché « à la tête » (à l'origine) des autres (ceux décrits par les Dix Commandements, par exemple) ;

– un péché qui envahit toute la personne et influence l'ensemble de ses actions.

En définitive, **un péché « capital » est un péché qui entraîne d'autres vices**. Selon la tradition chrétienne, le paresseux, pour échapper à l'effort, sera logiquement mené à ne plus honorer ses parents ni son Dieu, puis à mentir, voler, tuer, etc.

Alors, quelle est la solution ? Certains hommes, observe alors Marc Aurèle, se consument au travail, ne prenant le temps ni de se laver, ni de manger pour assouvir leur passion de la danse ou de la sculpture. « Toi, tu estimes ta nature moins qu'un danseur la danse, un avare, l'argent, etc. » Puis il ajoute : « Est-ce que les actions qui ont pour objet le bien de tous te paraissent avoir moins de prix et moins de zèle ? […] Pourquoi dans tes actions restes-tu en deçà de toi-même ? C'est que tu ne t'aimes pas toi-même… Sinon, tu aimerais la Nature et ses exigences. »

La voilà, la solution : il faut s'aimer soi-même, et par suite aimer la Nature et la place qui nous est donnée, cette « part à prendre dans l'œuvre du monde ». Mais surtout, de la même manière qu'il convient de ne pas se reposer excessivement, il ne faut pas non plus se montrer trop mesuré dans l'action, et rester « en-deçà de soi-même ».

On fait le point

Si, dans la paresse, nous sommes capables de ne pas compter notre repos, de dépasser la juste mesure, ce n'est pas le cas avec l'action que nous modérons dans une forme d'excès inverse. La paresse se définit donc comme une glande au-delà du nécessaire et une action en-dessous du possible, trop lente et nonchalante.

Deux tire-au-flanc illustrent bien ce laisser-aller et ce dégoût de soi et de la Nature. Wolverine, tout d'abord, qui dans le film *Logan* refuse d'aider une femme qui le supplie de prendre sous son aile une petite fille en danger de mort. Mais aussi Hancock, le super-héros que « tout le monde adore détester ». Pourquoi ça ? Précisément parce qu'il ne fait pas tout le Bien qu'il pourrait, ou alors qu'il y va en traînant la patte et en causant souvent plus de dégâts qu'il n'en empêche. La population lui en veut, par exemple, lorsqu'il cuve tranquillement sur son banc tandis que des criminels mitraillent à tout-va sur l'autoroute.

On trouve d'ailleurs chez ces deux personnages un manque de considération pour eux-mêmes et pour la Nature. On le voit par exemple à la façon dont ils se détruisent la santé par l'alcool, ou encore à la brutalité avec laquelle Hancock sauve une pauvre baleine échouée sur la plage !

Point Flash

Pour les penseurs de l'Antiquité, la paresse ne se définit pas du tout par opposition à l'activité professionnelle, nourricière, mais plus généralement comme un **désœuvrement stérile**. Celui-ci naît d'une envie de se prélasser par plaisir, au-delà des besoins du corps, ou de ménager constamment ses efforts.

Avec Marc Aurèle et Hancock, on comprend qu'il s'agit d'un penchant contre nature et autodestructeur, et sa gravité est encore mise en scène chez *Spider-Man* avec le meurtre de l'oncle Ben. Mais il existe une autre face à la paresse, comme on l'a vu avec la critique de Superman par Umberto Eco, qui consiste à ne pas faire tout le bien qu'on peut (qu'on soit super-héros ou non), ce qui laisse le champ libre aux vilains. « Les méchants ont besoin d'une seule chose pour arriver à leurs fins, que les hommes de bien les regardent et ne fassent rien[5] », écrivait John Stuart Mill en 1867… On peut donc en conclure que la paresse, si elle n'est pas le défaut des super-vilains, leur laisse toute latitude lorsque les super-héros du coin ont le malheur d'y céder. C'est donc à ce titre qu'elle est un bien vilain défaut. Alors, toujours envie de rester au lit ?

5. John Stuart Mill, *Inaugural address, delivered to the university of St. Andrews : Feb. 1st 1867*, 1867.

Umberto 1 – Les comics 2

Selon Umberto Eco, Superman serait un héros *médiocre* (voir troisième partie du livre) puisqu'il ne fait pas tout le bien qu'il pourrait, se contentant de garantir à quelques-uns le droit de propriété. Mais Superman va lui « répondre » par la plume de l'auteur Grant Morrison grâce à *All-Star Superman*. Ce volume placera le surhomme face à un défi pour le moins inédit : il ne lui reste plus qu'un an à vivre. Confronté à cette nouvelle, le héros va réaliser ses rêves inachevés et ses dernières volontés. Il va par exemple avouer son identité à Lois Lane pour profiter sereinement de cette dernière année à ses côtés. Mais soyons sérieux deux minutes : quand on est Superman et qu'on se sait condamné, peut-on décemment se contenter de « faire les quelques trucs qu'on voudrait faire avant de mourir » ? Bien sûr que non, c'est pourquoi le héros se lance dans une série de 12 travaux herculéens qui mettront à mal la critique d'Umberto Eco.

Il va, entre autres choses : sauver la Terre, synthétiser un sérum conférant ses super-pouvoirs à n'importe qui, sauver à nouveau la Terre, créer de la vie, découvrir un remède contre le cancer, sauver le Soleil ou encore inventer une formule pour fabriquer un « Superman 2 », en cas de besoin. Avouez qu'on est loin du héros qui aide les bourgeoises victimes d'un vol de sac à main !

Mais Umberto Eco, à travers sa critique de Superman, visait en réalité le monde des comics tout entier. Or il a mené son analyse en se référant à la figure de Superman, par essence manichéenne (il est vraiment bon, sans peur et sans reproche (voir encadré dans la troisième partie du livre) et, en 1976, une époque où le médium n'avait pas la maturité acquise depuis.

Aujourd'hui, quantité de héros œuvrent pour autre chose que le simple droit de propriété : Captain America, comme nous allons le voir au cours de l'épisode suivant, se bat régulièrement pour que les lois américaines soient plus justes et que la corruption disparaisse ; Cloak & Dagger, deux héros Marvel, luttent sans relâche contre les trafiquants de drogue et pour la protection de la jeunesse défavorisée ; *idem* avec Daredevil qui, dans ses aventures de 1988 et 1989, se consacre à une antenne d'aide juridictionnelle bénévole doublée d'un centre de soutien aux toxicomanes ;

les X-Men et autres mutants cherchent à cohabiter pacifiquement avec une humanité pour le moins méfiante ; etc.

Mais pour plus de subtilité encore, les super-héros ont également leurs dilemmes et l'ennemi est parfois plus « intérieur » qu'il n'y paraît. La frontière entre super-héros et super-vilains peut alors se brouiller considérablement, comme nous le verrons dans la dernière partie du livre consacrée aux super-vilains.

> Ce pays s'est bâti sur la transgression de la loi. Parce que la loi était injuste[1].

Épisode #05

La justice

« C'est pas juste ! »
De Superman à Captain America, que faire quand la loi disjoncte ?

France, août 1940. Le gouvernement de Vichy vote des lois pro-nazis et antisémites, parmi lesquelles l'obligation pour chaque Français de dénoncer tout « acte hostile » à l'encontre de l'occupant allemand. Que faites-vous ? Et à votre avis, comment réagiraient Captain America ou Superman, eux qui sont sans peur et sans reproche (à ceci près que celui-ci a d'étranges ailettes sur son

1. Captain America, dans *Civil War : Captain America*, Marvel, 2007.

casque et celui-là son slip par-dessus ses collants) ? Ça tombe bien, il leur arrive d'être confrontés à des lois injustes qui remettent en question ou ébranlent leur conception de la justice. Comment répondre à une loi injuste lorsqu'on est un super-héros ?

Le positivisme juridique de Superman et Socrate

Il consiste à ne pas refuser la loi, jamais. Ainsi dans le film *Batman v. Superman*[2], Superman est injustement soupçonné d'avoir causé des dizaines de victimes collatérales pour sauver Lois Lane d'un guet-apens dans un camp de terroristes situé dans la ville fictive de Nairomi, en Afrique. Les États-Unis, par la voix de la sénatrice Jane Finch, lui demandent alors de se soumettre à une commission d'enquête concernant cette affaire et, plus largement, le risque d'abus de pouvoirs qu'un tel super-héros représente. Notre ami y consent, en dépit de son innocence, et atterrit au Congrès qui l'a convoqué. La sénatrice s'en félicite alors : « Dialoguer et s'expliquer, c'est l'essence même de la démocratie », avant que le piège tendu par les

2. *Batman v. Superman*, Zack Snyder, 2016.

adversaires de Superman ne se referme tragiquement sur l'assemblée...

Mais c'est une autre histoire que nous ne vous *spoilerons* pas. Car ce qui nous intéresse ici, c'est de voir comment notre Kryptonien, humain d'adoption, s'interdit de jamais déroger à la loi démocratique, et semble même lui vouer une confiance aveugle. Ainsi, quand le général Zod (kryptonien lui aussi) tente de tuer Brainiac, Superman intervient en arguant de la nécessité d'organiser un procès du super-vilain pour qu'il réponde de ses crimes (dans l'arc de 2010, *The Last Stand of the New Krypton*).

Et bien avant ça, on se rappelle l'avoir vu livrer aux autorités son adversaire de toujours, Lex Luthor, afin qu'il bénéficie d'un véritable procès (dans l'épisode #550 des *Aventures de Superman*), alors que le super-vilain en question parvenait bientôt à bidonner l'affaire en plaidant la théorie d'un clone fou et à obtenir une relaxe. Superman refuse pourtant de contrevenir aux règles, et ce même en cas de disculpation injuste (comme avec Luthor) ou de fausses accusations le concernant. Superman est ainsi fondamentalement *pour le système* et soucieux de ne surtout pas le fragiliser.

Superman vs. la Loi

Cette dimension est également présente dans les films, puisque *Man of Steel*[3] montrait déjà le super-héros acceptant de se faire arrêter et menotter..., tout un symbole ! Rien qu'un symbole, même, dans la mesure où une paire de bracelets métalliques ne saurait entraver le surhomme tout-puissant ; ce dont a bien conscience l'agent qui les lui passe, aussi intimidé que dérouté par l'absurdité de la manœuvre. Et que symbolise Superman se laissant menotter ? La volonté du héros de se soumettre à la justice des hommes. Un enjeu si fort que la Warner en a même tiré des affiches promotionnelles du film.

En se soumettant de cette manière à la loi des hommes, c'est-à-dire *par principe* et sans que rien ne l'y *contraigne*, Superman s'apparente à Socrate. Le philosophe, injustement accusé de ne pas reconnaître les dieux et de corrompre la jeunesse, préfère boire la ciguë plutôt que

3. *Man of Steel*, Zack Snyder, 2013.

risquer de fragiliser l'ordre établi de la Cité. Platon rapporte ses paroles dans le *Phédon* :

> « Les Athéniens ayant décidé qu'il était mieux de me condamner, j'ai moi aussi, pour cette raison, décidé qu'il était meilleur pour moi d'être assis en cet endroit, et plus juste de rester ici et de subir la peine qu'ils m'ont imposée. »
>
> *Phédon*, Platon.

Pour le philosophe comme pour le Kryptonien, ce serait *remettre en question la démocratie même* que d'aller contre une loi votée démocratiquement. Et à Criton, qui taxe ce conformisme de lâcheté dans la mesure où le philosophe renonce à sa mission d'accoucheur des esprits (voir la galerie des personnages), Socrate répond que ce sont ces lois qui l'ont fait tel qu'il est :

> « Crois-tu vraiment qu'un État arrive à subsister et à ne pas chavirer, lorsque les jugements rendus y restent sans force, et que les particuliers se permettent d'en saper l'autorité et d'en tramer la perte ? »
>
> Socrate et Criton, *Criton*, Platon.

On fait le point

De cette façon, héros et philosophe incarnent une véritable foi en la loi : l'idée que les lois sont bonnes tout simplement parce que ce sont des lois et qu'en tant que telles elles sont garantes du droit contre le chaos du laisser-faire et du tous contre tous. On pourra ainsi parler dans les deux cas de **positivisme juridique** où c'est la loi écrite qui prime, et où **le légal et le juste tendent à se confondre**.

L'ambivalente loi du Talion de Magneto

Mais il est un super-héros assez à part (souvent super-vilain) qui a fait la douloureuse expérience du hiatus entre le juste et le légal, laquelle va le conduire à adopter une tout autre philosophie. Il s'agit de Magneto, alias Erik Lehnsherr (Max Eisenhardt de son vrai nom), né de parents juifs en 1926 à Leipzig en Allemagne. Dans la série de bandes dessinées *X-Men* (Marvel), on apprend qu'il a connu, avec sa famille, les persécutions nazies durant son enfance. Après la Nuit de cristal, sa famille décide de fuir l'Allemagne pour la

Pologne. Malheureusement, leur terre d'accueil est bientôt envahie et ils sont envoyés, lui et les siens, au ghetto de Varsovie. En juillet 1942, après une tentative d'évasion malheureuse, sa famille est fusillée par les nazis et jetée dans une fosse en pleine campagne. Grâce à son pouvoir qu'il utilise pour la première fois, Max parvient à survivre et à sortir de la fosse, pour être finalement capturé et envoyé à Auschwitz.

Les adaptations cinématographiques reprennent ce motif fondateur, puisque l'ouverture du premier *X-Men* de 2000 (signé Bryan Singer) le montre, enfant, révéler ses pouvoirs au moment où des SS tentent de le séparer des siens ; une scène prolongée en 2011 dans *X-Men First Class* (de Matthew Vaughn) où il est sommé par un scientifique nazi (Kevin Bacon) de refaire la démonstration de sa puissance sous peine de voir sa mère exécutée.

Dans les deux films comme dans le comics, Magneto tire de cette injustice fondatrice *une défiance absolue envers la loi humaine*, qu'il considère volontiers discriminatoire (jadis antisémite, aujourd'hui anti-mutants) : une méfiance tatouée en lui comme le matricule de déporté qu'il garde sur le bras. Celle-ci lui dicte une philosophie de la vengeance implacable en cas d'injustice commise par des forces de l'ordre humain.

À en juger par ses choix et ses débats avec le Professeur Xavier, Magneto considère que les lois discriminatoires doivent être *violemment* combattues. Lorsque la loi humaine déraille, Magneto lui substitue ainsi les lois de la vengeance d'un État présocial : une **philosophie du Talion** qu'il exerce en allant exécuter tous les responsables nazis au début du *X-Men First Class* et en se battant âprement contre ceux qui s'en prennent aux mutants *en tant que minorité* (génétique). Pour notre personnage, l'homme injuste (qu'il soit SS antisémite ou policier anti-mutant) ne mérite pas le respect, ni même la vie. Et toute injustice doit être dans ce cas sévèrement punie.

Magneto tentera pourtant provisoirement de renoncer à cette philosophie. Dans *X-Men Apocalypse*, on le retrouve ainsi en Pologne, où il a épousé une certaine Magda dont il a eu une fille, Nina (Anya dans le comics). Mais après avoir utilisé ses pouvoirs pour sauver ses collègues dans l'aciérie voisine où il travaille incognito, le mutant voit des policiers débarquer chez lui et malmener sa femme et sa fille. Cette dernière, sous l'effet du stress, dévoile un pouvoir jusqu'ici insoupçonné : elle contrôle les oiseaux sauvages qui se mettent à fondre sur les assaillants, lesquels paniquent et l'exécutent avec sa mère. Cette nouvelle injustice signe la fin de toute tentative d'insertion de Magneto, qui explose de colère et foudroie le bataillon de gendarmerie, en vertu de sa philosophie d'antan.

« Hééé, mais c'est pas pareil dans la BD ! » proteste notre meilleur ennemi le Docteur Je-Sais-Tue. Ce à quoi nous lui répondons, dans un soupir blasé : « Oui oui, on sait que tu t'y connais... » Effectivement dans le *Classic X-Men vol. I* #12, on voit la femme de Magneto survivre à la scène, et s'enfuir horrifiée, après avoir découvert la véritable nature de son mari, l'accusant d'être responsable de la mort de leur fille.

Dans les deux versions, cet épisode réveille les pulsions de vengeance endormies chez Magneto qui avait précisément tenté de les oublier pour vivre, comme diraient les philosophes, « dans la Cité » ou « selon le contrat social ». Le motif des oiseaux déclencheurs de la catastrophe pourra même rappeler l'*Orestie* d'Eschyle, grande histoire de revanche au cours de laquelle Oreste, qui venge sa famille lui aussi, se retrouve poursuivi par les Érynies, les déesses ailées de la vengeance. Oreste, perdu, fait appel à Athéna qui lui enjoint d'aller se faire juger au tribunal d'Athènes. Il y est alors déclaré *à la fois coupable et innocent* par les Athéniens, ce qui montre bien le caractère ambivalent[4] de cette philosophie magneto-oresto-talionique.

Mais si Oreste est ainsi amnistié et délivré des Érynies (qui deviennent les Euménides, les « bienveillantes »), Magneto obtiendra pour sa part une paix aussi tardive que fragile et asociale, puisqu'il choisit de se retirer de la société humaine en refusant l'offre de Xavier de rester dans son école et de tenter la cohabitation pacifique avec les Hommes. Dans le comics, sa conviction qu'il est impossible pour « *l'homo superior* » de vivre avec « *l'homo sapiens* » le poussera même à créer la « Confrérie des Mutants » et à se retirer avec eux sur une île du Pacifique hostile aux Hommes, baptisée « Terre Sauvage ».

4. L'ambiguïté vient de ce que la vengeance contre l'injustice semble répondre à un désir de réparation légitime, que ce tribunal reconnaît, mais qu'elle est juste en vertu d'un état présocial. Or, la société grecque a précisément substitué à cet état présocial des moyens plus perfectionnés et sûrs de rendre la justice, à commencer par ce tribunal.

La très ancienne LOI DU TALION

Du latin *talis*, « même », « tel », « semblable », c'est une loi dont on trouve les premières traces dans le Code de Hammurabi en - 1730 (c'est bien « moins 1730 »). Elle prône la réciprocité de la peine par rapport au crime *via* des formules du type « Œil pour œil, dent pour dent ».

Considérée comme une étape primitive de la justice par les juristes (avant le recours à un juge extérieur et impartial), elle est souvent présentée à tort comme une loi vengeresse. Pourtant, elle est censée éviter toute escalade de violence en la circonvenant, mais sans pour autant la faire disparaître : il ne faudra prendre qu'un œil ou qu'une dent, et ne pas se laisser emporter par la colère et la démesure.

C'est pourquoi les comics mettent souvent en scène l'ambivalence de cette philosophie et son insuffisance en montrant le cercle vicieux de ripostes qu'elle peut indirectement entretenir. Ainsi, c'est parce qu'un Magneto revanchard commence à transformer sa Confrérie des Mutants en armée terroriste que Washington lâche en représailles des robots tueurs sur la population mutante : les terribles Sentinelles, qui deviendront une préoccupation récurrente pour nos chers X-Men, pris entre ces deux feux.

On fait le point

Les lois peuvent être **injustes**, et Magneto en a fait les frais. Sa philosophie consiste à leur livrer une guerre sans merci au nom d'un **principe millénaire** : la **loi du Talion**.

Captain America ou les vertus de la désobéissance civile

Cependant, il est un super-héros de l'univers Marvel qui sait défendre les principes de justice et de liberté propres à la démocratie, mais également les surveiller et les questionner de l'intérieur en cas de besoin : Captain America. Le nom de code du super-soldat créé par le gouvernement américain pour des missions de renseignement et de combat (mais aussi de contre-propagande nazie) est éloquent, puisqu'il s'agit de « the Sentinel of Liberty ». Et si ce personnage sait s'opposer à l'autorité injuste, comme lorsqu'il combat le nazisme de Crâne Rouge aux côtés des Américains au nom de principes démocratiques, il sait aussi refuser les lois démocratiques lorsque celles-ci s'avèrent injustes.

C'est ce qui l'amène à devoir combattre son allié Iron Man dans la série *Civil War*, lorsque ce dernier défend ardemment une loi de surveillance et de contrôle des super-héros préconisée par les gouvernements, le SHRA. Mais s'il lutte pour ses idéaux, il refuse en revanche l'exercice de la vengeance individuelle, avec toute la démesure qu'on peut craindre d'elle. Dans l'adaptation sur grand écran de *Civil War* (Anthony et Joe Russo, 2016), il va jusqu'à empêcher ses alliés Black Panther et Iron Man de se saisir du Soldat de l'hiver pour se venger de lui.

Son action de « sentinelle de la démocratie » s'exerce aussi bien au sein des Avengers que de la société américaine dans son ensemble, et s'avère autant tournée vers l'extérieur que l'intérieur du champ légal, puisque le Cap' sera amené à démanteler une corruption gouvernementale extrême, sous-branche de l'association criminelle HYDRA, « l'Empire Secret », dont le numéro 1 n'est autre que le président des États-Unis d'Amérique lui-même[5] ! À la fois intransigeant et équitable,

5. Notez qu'à l'issue de cette mésaventure, notre personnage, dégoûté, abandonnera provisoirement son nom et son costume de héros pour devenir un justicier apatride, connu sous le nom de « Nomad », ou plus tard « The Captain ».

Captain America incarne un compromis presque idéal entre le respect de la loi d'un Superman ou d'un Socrate (il accompagne son partenaire le Faucon au tribunal lorsque ce dernier doit assumer ses anciens crimes et accointances avec Crâne Rouge) et la rébellion d'un Magneto. Il peut désobéir et aller contre les lois lorsque les circonstances l'imposent, mais toujours dans une perspective *non vengeresse*.

Or cette philosophie, aussi cohérente qu'unifiée, n'est pas sans rappeler le principe de **désobéissance civile** créé par Henry David Thoreau (1817-1862) et revisité par John Rawls un siècle plus tard. Il se définit par les caractéristiques suivantes : lorsque le sujet se sent en désaccord avec une loi, il peut désobéir, mais cette infraction doit être de l'ordre de *l'action publique*, c'est-à-dire revendiquée et assumée comme telle, afin d'écarter tout soupçon sur la véritable intention du hors-la-loi.

Dans la bande dessinée, Captain America incarne bien cette distinction, en devenant un mentor pour le mercenaire repenti Hawkeye lorsque cet éternel rebelle rejoint les Avengers avec la Sorcière Rouge et Vif-Argent. Il aide alors l'indocile archer à dompter et canaliser ses penchants frondeurs. Car il y a aux yeux du Cap' deux types de rébellion : la *révolte individuelle* (illégitime) et la *désobéissance civile* (légitime) qui se veut un acte accompli au nom de l'intérêt général et non au profit d'un intérêt particulier. C'est d'ailleurs pourquoi elle est presque toujours un mouvement collectif (même si rien n'empêche un unique individu d'accomplir seul cet acte, comme le fit Thoreau, voir l'encadré ci-dessous). Et notre héros incarne bien cette approche, puisqu'en s'opposant au SHRA, il est immédiatement rejoint par la Veuve Noire dans le film (puis par des dizaines de super-héros dans la bande dessinée *Civil War*, parmi lesquels Spider-Man ou Daredevil) et parce qu'il s'oppose *toujours* – on l'a vu – aux vengeances personnelles de ses anciens alliés.

Enfin, la désobéissance civile est généralement non violente (pensons à Gandhi ou Martin Luther King dans l'univers connu...) contrairement à la philosophie de Magneto, **car elle prétend en appeler à la conscience endormie de la majorité et non imposer un point de vue par la force**. Or on voit que c'est ce qu'applique le Cap' lorsque, au cours de la bataille finale de *Civil War*, se rendant compte que les pompiers, le personnel médical et tous les civils croisés sur le théâtre des affrontements soutiennent Iron Man et le SHRA, il choisit de capituler et de s'en remettre à la majorité.

Rappelons pour terminer que l'arme emblématique du Captain est *défensive*, donc non violente, puisqu'il s'agit d'un bouclier. Une réflexion qui nous amène à la question suivante : et si, avec *Civil War*, Captain America était devenu l'incarnation d'une philosophie définitive sur la question de la loi injuste, à savoir le principe de désobéissance civile rawlsien ?

Point Flash

L'injustice entraîne différentes réponses de la part des super-héros. Deux positions extrêmes seraient le positivisme juridique d'un côté, incarné par Socrate & Superman, et la loi du Talion de l'autre, propre à Magneto. Mais Captain America arrive pour nous offrir un dépassement intéressant : la désobéissance civile, qui permet de dénoncer publiquement et de façon non violente les abus d'un système démocratique, qu'on souhaite protéger et améliorer.

La désobéissance civile

En 1846, Thoreau refuse de payer ses impôts à un État qui tolère l'esclavage et qui fait la guerre au Mexique. Il écope d'une peine de prison pour cela, mais se voit rapidement libéré car sa tante paiera ses impôts à son insu. Il théorisera son action, inaugurant le concept de désobéissance civile.

Le tout sera repris de façon très systématique par Rawls dans *Théorie de la justice*, qui préconise une action rendue publique, politique et non violente faisant appel au sens de justice « endormi » des concitoyens.

« [La désobéissance civile] exprime la désobéissance à la loi dans le cadre de la fidélité à la loi, bien qu'elle se situe à sa limite extérieure. La loi est enfreinte, mais la fidélité à la loi est exprimée par la nature publique et non violente de l'acte. »

John Rawls, *Théorie de la justice*, 1971.

Quand on aime la démocratie, on doit donc savoir la questionner (et parfois l'affronter) au nom de ses propres principes et pour son bien. Mais à ce niveau, il y a des règles (publicité de l'action, non-violence dans la mesure du possible, etc.). Si bien que, vous l'aurez compris, il ne suffit pas de brandir « la désobéissance civile » comme justification pour ne pas payer ses impôts !

Mon problème c'est que je me pose trop de questions au lieu d'agir... et le temps de l'action, c'est maintenant[1] !

Épisode #06

La volonté

« Quand on veut, on peut ! » Facile à dire quand on est Green Lantern...

Qui n'a jamais vu ses craintes balayées d'un péremptoire « Quand on veut, on peut ». Comme si c'était si facile ! Et comme si la réussite d'un projet n'était qu'une question de volonté. Peut-être quand on est Green Lantern, serait-on tenté d'opposer... Et encore !

---

1. John Stewart, Green Lantern torturé se comparant à l'intrépide et résolu Hal Jordan dans *Green Lantern* #017 « Sculptures », DC Comics, 1991.

On appelle Green Lantern les membres d'un corps d'armée intergalactique. Leur arme, c'est une bague qui, grâce à la force de la volonté, peut littéralement matérialiser la pensée de son détenteur. En d'autres termes, le super-pouvoir des Green Lantern réclame un « super-vouloir ». On comprend alors très bien que cette bague, pour fonctionner correctement, nécessite un hôte avec un *accès direct* à ses désirs. Voler exigera de notre héros « la volonté de voler ». C'est tout, mais c'est à la fois beaucoup, car ne pourrait s'y prendre correctement quiconque se demanderait toutes les trente secondes s'il va y arriver, si c'est bien raisonnable, s'il l'a bien mérité, etc.

Et c'est précisément pour ça que Hal Jordan a été élu Green Lantern : non pour ses dispositions morales particulières (comme ce fut le cas pour Captain America, par exemple), mais bien parce qu'il est toujours guidé par ses désirs et son souci de les satisfaire : Hal est un coureur de jupons, indocile et arrogant… En somme, un type qui fait constamment « ce qu'il veut », donc le candidat idéal ! Mais même quand on porte une bague de Green Lantern, peut-on vraiment affirmer que « quand on veut, on peut » ?

C'est parce qu'il peut qu'il veut

Dans l'une des aventures relatant les origines du héros, le pouvoir conféré par la bague est ainsi résumé par Hal Jordan, qui vient d'être choisi pour être le nouveau Green Lantern : « Je peux faire n'importe quoi grâce à cette bague. Ce que je *veux* voir advenir, je peux le faire advenir[2]. » Abin Sur, le Green Lantern mourant qui lui « lègue » sa bague, confiera à Hal dans un dernier soupir : « L'anneau fera de tes pensées et tes souhaits des réalités[3]. » Ce qui signifie très concrètement qu'il suffit dorénavant à notre héros de penser à quelque chose pour que cela se matérialise devant lui : une arme, un outil, un édifice, de n'importe quelle forme, taille, etc.[4]

On serait tenté de croire que ce pouvoir hors normes – même chez les super-héros – donne vie à l'adage bien connu : « Quand on veut, on peut. »

---

2. *Green Lantern*, vol. 2, #1, DC Comics, 1960.

3. *Green Lantern*, vol. 5, #1, DC Comics, 2005.

4. C'est ce qui fait de Green Lantern un personnage essentiellement « créatif », puisqu'il est obligé d'imaginer un objet adapté face à chaque nouvelle menace. Pour avoir un aperçu de cette contrainte d'imagination, nous vous conseillons la série *JLA* chez DC Comics (1997), dans laquelle le héros se montre particulièrement inventif, façonnant des constructions toujours plus farfelues.

Mais le « pouvoir » est aussi bien à l'origine du « vouloir » que l'inverse selon Paul Ricœur.

Pour le philosophe, la volonté se découpe en trois grands « moments » : décider, agir et consentir. On voit donc que, pour Ricœur, **la volonté ne se limite pas à un phénomène purement psychologique ou intellectuel**, contrairement à la définition qu'on en donne habituellement, car **la volonté suppose l'action**. Ce qui signifie que tant qu'on en reste à se dire « Il faudrait que je me lève », ou même « J'aimerais bien me lever », on ne fait pas encore preuve de volonté. La volonté s'enclenche à cet instant où l'être se met en branle pour se lever ; lorsque le sujet opère « le passage de l'idée au mouvement[5] », comme l'écrit Ricœur.

C'est là que se niche la volonté : lorsque l'envie devient projet et lance l'action. On peut alors opérer une distinction entre le désir et la volonté : « Le désir est cette espèce d'esprit d'entreprise qui monte du corps au vouloir, et qui fait que le vouloir serait faiblement efficace s'il n'était aiguillonné d'abord par la pointe du désir. » On voit que **le désir est donc à l'origine de la volonté**, mais qu'il ne suffit pas en lui-même pour la constituer ;

5. Paul Ricœur, *Philosophie de la volonté, tome 1, Le volontaire et l'involontaire*, 1950.

la volonté est en quelque sorte la mise en acte du désir.

Dans cette perspective, si la bague des Green Lantern a bien entendu développé les possibilités d'action de Hal (désormais, s'il *veut* voler, il *peut* voler), on voit que, dans le même temps, l'acquisition de ses nouveaux pouvoirs par le héros a considérablement élargi le champ des possibles qui s'offre à lui, et donc la sphère de sa volonté. C'est très logique : pour Hal Jordan, lorsqu'il n'était encore qu'un simple humain, sauver la Terre des griffes d'un extra-terrestre assoiffé de sang relevait au mieux de la velléité ou du fantasme, au pire de la folie des grandeurs. Face à la terrible Black Lantern de l'arc *Blackest Night*, par exemple, la volonté de Hal Jordan aurait été de fuir, certainement pas de s'interposer. Cette perspective de combattre le vilain pour secourir l'humanité, puisque sa réalisation relevait de l'impossible, ne pouvait pas devenir un projet, ni entraîner ce « passage de l'idée au mouvement » avant toute acquisition de la bague.

Ce phénomène d'« aller-retour » entre pouvoir et volonté est particulièrement perceptible dans cette phrase du héros qui explique à Batman : « Quand j'ai commencé, l'anneau était un prolongement de moi. Mais à un moment, c'est moi qui suis devenu son prolongement[6]. » On sent bien une rétroaction de ses pouvoirs sur le héros : alors qu'il n'était au départ qu'un moyen de faire advenir sa volonté, **l'anneau a fini par façonner cette volonté elle-même**. Aussi, affirmer de Green Lantern : « quand il veut, il peut » n'est pas suffisant, et Paul Ricœur nous rappelle que la volonté du héros est également déterminée par ses pouvoirs, car **le héros ne voudrait pas s'il ne pouvait pas**. Avec ses nouveaux « pouvoirs », c'est donc tout un nouveau « vouloir » dont le héros a hérité.

On fait le point

On voit que le rapport entre volonté et capacités n'est pas unilatéral, et que les deux notions entretiennent un rapport de complémentarité et d'interdépendance. En effet, puisque la volonté suppose l'« agir », le « pouvoir » de Green Lantern dépend autant de son « vouloir » que l'inverse. « Quand il veut, il peut » ? Oui, mais c'est également parce qu'il peut qu'il veut.

6. *Green Lantern*, vol. 3, #1, DC Comics, 1990.

Même s'il veut, il doit tenir compte du réel

Face aux Green Lantern, et à leur bague verte de la volonté, on trouve à l'autre bout du spectre des émotions les Yellow Lantern, dont l'anneau jaune manipule le pouvoir de la peur. L'antagonisme entre ces deux forces fondamentales et opposées structure le récit dès les premières aventures. Aussi l'élu Hal Jordan devra-t-il se montrer « sans peur, sans aucune peur[7] », prévient Abin Sur, dans la mesure où cette émotion « annule » la volonté qui se retrouve alors impuissante.

« Grâce à cette lanterne, tu seras plus puissant que tout… excepté ce qui est jaune. Le métal de cette lanterne porte en elle une impureté jaune. Curieusement, si tu retires cette impureté, la lanterne perd son pouvoir. Mais c'est aussi cette impureté qui te rend vulnérable à la couleur jaune[8]. » Dans ces conditions, la volonté suppose un dépassement de la peur. Mais dépasser ne veut pas dire annihiler, et on voit bien qu'il reste une pointe de peur. On pourrait par exemple l'assimiler au trac : cette appréhension qui persiste chez la personne après qu'elle a vaincu sa peur, par exemple, de s'exprimer en public. Ce qui signifie

---

7. *Green Lantern*, vol. 2, #1, DC Comics, 1960.
8. Ibid.

bien que, chez Green Lantern, **la volonté ne s'exprime pas en l'absence de toute peur, qui s'en trouverait rejetée ou anéantie, mais bien une fois la peur *surmontée et intégrée***.

Notre héros, entre deux combats contre Parallax, un super-vilain né de la matérialisation de la peur elle-même, pourrait donc faire un tour sur le divan de Sigmund Freud ! Grâce à sa théorie de l'inconscient (voir encadré épisode #11), et surtout à son pendant thérapeutique appelé *psychanalyse*, Freud pourrait aider Hal Jordan à dépasser ses peurs (phobies, angoisses, etc.) et à libérer sa volonté. Dans *Cinq leçons de psychanalyse* (1904), Freud qualifie cette méthode alors naissante de « nettoyage de l'âme[9] », puis détaille : « Le sujet n'a pas conscience de la cause de son mal. Là où il y a un symptôme [par exemple une phobie], il y a aussi amnésie, un vide, une lacune dans le souvenir, et, si l'on réussit à combler cette lacune, on supprime par là même le symptôme[10]. »

La psychanalyse consiste donc à parler avec le patient pour **ramener à la conscience les souvenirs occultés (datant le plus souvent de l'enfance) qu'elle avait « refoulés »**, c'est-à-dire enfouis dans

9. Sigmund Freud, *Cinq leçons de psychanalyse*, 1904.
10. Ibid.

l'inconscient. Nul doute qu'une séance chez Freud ferait le plus grand bien à notre héros, lui qui a vu son père mourir devant lui étant enfant (une scène fondatrice, puisqu'on en trouve au moins trois occurrences au gré des divers *reboots*), et que l'intellectuel aurait beaucoup à dire sur ce héros qui prétend pouvoir *tout* et n'avoir peur de *rien*.

Freud lui expliquerait certainement que ses difficultés à gérer le deuil, comme lorsqu'il essaie de « reconstruire » sa ville de Coast City dans l'arc *Rebirth* après qu'elle fut rayée de la carte, trouvent leur origine dans ce traumatisme datant de l'enfance. Mais Sigmund le mettrait également en garde contre un autre danger qui le guette : la frustration. En effet, s'il n'y prend pas garde, notre héros risque de verser dans un délire de toute-puissance et de se heurter violemment à la réalité. Eh oui, « Quand on veut, on peut » est une bien mauvaise maxime, même lorsqu'on porte une jolie bague !

Freud écrit ainsi, dans son *Introduction à la psychanalyse* : « Le *moi* apprend qu'il est indispensable de renoncer à la satisfaction immédiate [...], de supporter certaines peines et de renoncer en général à certaines sources de plaisir. Le *moi* ainsi éduqué est devenu "raisonnable", il ne se laisse plus dominer par le principe de plaisir, mais se conforme au principe de réalité[11]. »

Dans cet extrait, Freud appelle la volonté « principe de plaisir » : c'est cette force qui est à l'origine de mes pulsions, envies, désirs. Puis, il lui oppose un « principe de réalité » auquel le *moi* va devoir se conformer en grandissant. « Le passage du principe de plaisir au principe de réalité constitue un des progrès les plus importants dans le développement du *moi*[12]. » **Le sujet abandonne alors son sentiment enfantin de toute-puissance**, en découvrant que le monde n'est pas toujours tel qu'il le souhaiterait, et qu'il va devoir composer avec les autres et cette saleté de réalité[13].

Or, pour revenir à notre exemple précédent, c'est bien ce « principe de réalité » qui fait défaut au héros lorsqu'il tente péniblement – et pour tout dire, désespérément – de reconstruire Coast City. Ici, le réel qui s'oppose à la volonté du héros pourrait se résumer en deux phrases : « La ville a disparu et ses habitants avec, et il n'y a rien que

---

11. Sigmund Freud, *Introduction à la psychanalyse*, 1917.
12. Ibid.
13. « La réalité continue de me gâcher la vie », comme s'en exaspère Calvin dans un *comic strip* très connu de *Calvin & Hobbes*.

ta bague ou toi puissiez faire pour changer ça » et « Tu ne peux pas (re)construire une ville et ses habitants avec ta bague car tes constructions sont éphémères. »

En effet, si notre héros fait montre dans ses aventures de facultés quasi démiurgiques (c'est-à-dire d'une capacité de créer quelque chose à partir de rien d'autre que sa volonté), il n'est pour autant pas tout à fait divin : son anneau peut donner corps à ses pensées, certes, mais ne lui permet pas de créer une nouvelle réalité de toutes pièces, complètement autonome. D'ailleurs, les membres du Green Lantern Corps ne parlent pas de « créations » pour qualifier ce que leur bague matérialise, mais de « constructions », signe d'un soin tout particulier des auteurs pour choisir le mot le plus adapté. La « création » relève du divin, alors que la capacité de Green Lantern est plutôt celle d'un super-marionnettiste, dont les constructions ne durent que le temps d'un spectacle, et nécessitent son attention totale. Notre héros ne se trouve donc pas dans la position d'un Dieu créateur, à qui il suffit d'énoncer sa volonté : « Que la lumière soit », pour que la lumière, non seulement soit, mais continue à être de toute éternité. Alors que Green Lantern doit pour sa part continuer à

« vouloir » que sa création existe aussi longtemps que nécessaire, sans quoi elle se volatilise.

Mais loin des conflits intergalactiques, ce principe de réalité peut aussi contrarier notre héros de façon beaucoup plus ordinaire et quotidienne. Dans ses premiers épisodes, on assiste à un triangle amoureux assez classique dans les comics et qui n'aurait probablement pas déplu à René Girard (voir le « désir mimétique » dans la troisième partie du livre) : Hal est amoureux de la fille de son patron, mais c'est évidemment de son avatar super-héroïque que la jeune femme s'est entichée ! Impossible, ou en tout cas impensable, pour un Hal Jordan qui doit constamment prouver qu'il est le meilleur (un problème avec son père ?), même lorsqu'il lutte contre lui-même. « Je suis mon propre rival pour le cœur de Carol. Mais je ne lui dirai jamais que je suis Green Lantern. Je veux la conquérir moi-même, en tant que Hal Jordan[14]. » Manifestement, quand il veut, Hal Jordan cherche avant tout à *se prouver à lui-même* qu'il peut, même lorsque le réel n'est pas de son avis.

---

14. *Green Lantern*, vol. 2, #1, DC Comics, 1960.

On fait le point

Avec sa théorie de l'inconscient et la psychanalyse, Freud offre à Green Lantern les moyens de dépasser ses peurs et ses phobies pour triompher des Yellow Lantern et de la couleur jaune. Mais le penseur le met également en garde contre les délires de toute-puissance d'une volonté qui ne serait pas dominée par le principe de réalité. « Quand il veut, il peut ? » Oui, mais toujours en fonction du réel : lois de la nature, des hommes ou de la bague, conventions sociales, etc.

Ce qui est sûr, c'est qu'il veut : Schopenhauer, Green Lantern..., même combat !

« L'anneau est alimenté par ta volonté, la force la plus puissante de l'univers[15]. » C'est Abin Sur qui prononce ces mots, peu de temps avant de succomber à ses blessures, et pourtant on croirait lire du Schopenhauer. Enfin, pas tout à fait, évidemment, puisque cette formule évoque davantage un héros de comics (ou à la rigueur un

15. *Green Lantern*, vol. 5, #1, DC Comics, 2005.

Jedi) qu'un philosophe. Mais formulation mise à part, ce penseur peu commode (voir épisode #09 sur le bonheur dont il a une vision si… personnelle) a défini la volonté comme « la prémisse de toutes les prémisses[16] », ce qui est une traduction en langage philosophique de « force la plus puissante de l'univers ».

Dans son œuvre majeure (dont le titre *Le Monde comme volonté et comme représentation* ne laisse que peu de doutes quant à la thèse de son auteur), Schopenhauer développe une théorie de la volonté qui la place au centre du monde, comme un principe premier, initial, d'où découlent l'ensemble des phénomènes.

« Jusqu'ici on a fait rentrer le concept de volonté sous le concept de force ; c'est tout le contraire que je vais faire, et je considère toute force […] comme une volonté[17]. » Autrement dit, nous avons toujours considéré la volonté comme un motif d'action parmi les autres : la colère, la peur, l'envie, etc. Mais Schopenhauer va retourner cette vision des choses et élaborer une théorie de la volonté à l'inverse des considérations habituelles :

---

16. Arthur Schopenhauer, *Le Monde comme volonté et comme représentation*, 1819.
17. Ibid

pour lui, **la volonté est à l'origine de toutes les motivations particulières de nos actions**.

Pour prolonger sa pensée, il écrit : « Chez la bête et chez l'homme, la même vérité éclate bien plus évidemment. Vouloir, s'efforcer, voilà tout leur être : c'est comme une soif inextinguible[18]. » Selon Schopenhauer, **la volonté est à la base de « tout l'être »**, et donc de *toutes* nos pulsions, y compris la plus fondamentale : la pulsion de vie, cette tendance de l'être à « s'efforcer de persévérer dans son être[19] », selon la formule du *Conatus* de Spinoza.

On voit donc que chez le philosophe allemand, **la volonté n'est pas qu'une simple idée abstraite qui servirait à « étiqueter », parmi d'autres, le motif de nos actions, mais bien une chose « en soi » qui les inspire toutes**, c'est-à-dire qui existe indépendamment des phénomènes dans lesquels elle se manifeste. Il existe *la* volonté, une et indivisible, laquelle donne naissance à une multitude de phénomènes particuliers, nos différents intentions, projets, désirs, etc.

Cette représentation de la volonté comme un principe universel et qui existe « en soi » est

18. Ibid.
19. Baruch Spinoza, *Éthique*, 1677.

justement mise en image de façon très pertinente dans la série *Green Lantern*. En effet, il existe sur la planète Oa (le quartier général du Green Lantern Corps, situé au centre de l'univers) une *Lanterne Centrale*, sorte d'immense puits qui canalise la volonté *de tous les êtres vivants* de l'univers. Cette volonté, matérialisée par un courant d'énergie verte (elle existe donc bien « en elle-même ») fournit aux différentes lanternes vertes l'énergie nécessaire pour alimenter les bagues des Green Lantern et leurs constructions.

Pour faire simple, c'est ça la volonté selon Schopenhauer : un principe unique qui se trouve à la base de *tous* les phénomènes. Car on voit bien que, chez Green Lantern comme chez Schopenhauer, la volonté est une force qui concerne *tous* les êtres vivants. Mais surtout, elle est chez le philosophe, comme dans les aventures du super-héros, à l'origine de toute chose : **les constructions de Hal Jordan ne naissent pas tant de *sa* volonté (c'est-à-dire, au sens le plus courant, son intention) que de *la* volonté**, moteur premier et fondamental de son pouvoir. À tel point d'ailleurs que, lorsque Hal Jordan tentera de s'accaparer toute l'énergie de la Lanterne Centrale (et donc toute la volonté de l'univers) pour sauver Coast City, ce ne sont pas simplement les désirs ou les intentions des uns et des autres qui disparaîtront, mais bien l'espace-temps et l'univers *eux-mêmes* qu'il mettra en péril.

Pour finir, on peut apercevoir le caractère unique et fondamental – presque transcendantal – de la volonté lorsqu'on essaie de l'expliquer… et qu'on échoue péniblement. En effet, on peut justifier les raisons particulières qui ont motivé une action, mais pas la volonté elle-même, qui se trouve à l'origine de toutes nos intentions. Prenons un exemple. Si je vous posais la question : « Pourquoi veux-tu manger ? », vous pourriez par exemple me répondre : « Parce que j'ai faim », qui est une excellente raison d'avoir envie de manger. Si maintenant je vous demandais : « Pourquoi veux-tu ? », tout court, vous répondriez probablement : « Je ne sais pas », ce qui n'est déjà pas si mal compte tenu de l'incongruité de la question. Et pour cause, nous dirait le philosophe allemand, puisqu'il s'agit là d'un parfait mystère : la question « Pourquoi veux-tu ? » n'admet selon lui aucune réponse satisfaisante.

Sénèque avait d'ailleurs très bien remarqué qu'« on n'apprend pas à vouloir ». Et on peut voir dans la stupeur que provoque cette question du « Pourquoi » le signe que **la volonté est un principe *fondamental*, si fondamental qu'on ne peut pas le questionner**.

On fait le point

On apprend avec Schopenhauer qu'il convient de distinguer la simple intention, qui est un phénomène particulier, de la volonté, qui est le principe général à l'origine de toutes nos intentions. « Quand il veut, il peut » ? Ce qui est certain, c'est qu'il ne peut pas ne pas vouloir.

Point Flash

La prochaine fois qu'on vous sort « Quand on veut, on peut », voici quelques éléments que vous pourrez rappeler à votre interlocuteur pontifiant. Déjà, qu'il faut pouvoir pour vouloir, dans la mesure où on s'imagine mal asséner ce proverbe à un paraplégique au bas d'un escalier. Vous pourrez également souligner que votre appréhension n'a pas à être refoulée (merci Dr Freud !) mais doit être reconnue, intégrée et surmontée, et que votre projet doit tenir compte des règles de la nature et des hommes, ce qu'on appelle le principe de réalité. Mais vous le remercierez enfin, avec une pointe de sarcasme, de vous rappeler la leçon dispensée par ce bon vieux Schopenhauer : la volonté est une force primordiale, à la base de toute action et de toute vie. Après quelques secondes d'un silence gêné, votre interlocuteur devrait vous traiter de « M. Je-Sais-Tout », puis habilement changer de sujet.

> Et si je devais faire un peu de mal pour en tirer plus de bien, qu'en dirais-tu[1] ?

Épisode #07

La morale

Batman peut-il faire une omelette sans casser des œufs ?

Dans l'excellent film oscarisé *The Dark Knight*, de Christopher Nolan (2008), le Joker met à feu et à sang Gotham City, après avoir détrôné tous les chefs de la pègre locale. À la faveur d'un rebondissement de l'intrigue (car le vilain s'échappe juste après), il est arrêté par Batman, qui l'interroge au poste de police. Le Joker lui révèle que des policiers corrompus ont kidnappé le sénateur et

1. Harvey Dent à sa femme Gilda, dans *Batman & Two-face, Big Burn,* #27, DC Comics, 2014.

candidat aux élections locales, Harvey Dent, véritable espoir pour la ville (un ami de Bruce qu'il soutient tant il lui semble dans la lignée éthique et incorruptible de ses parents disparus – les Wayne –, notables de Gotham avant son déclin). Mais d'autres ripoux ont aussi enlevé la fiancée de Dent, Rachel Dawes, qui se trouve malheureusement être une ex de Bruce Wayne ayant énormément compté pour lui et avec laquelle il entretient désormais des rapports de l'ordre de l'amitié affectueuse.

Le Joker explique que Dawes et Dent sont tous deux retenus prisonniers dans deux entrepôts distincts contenant des explosifs prêts à être amorcés en même temps, et ce à deux endroits opposés de la ville, assez loin pour que Batman ne puisse secourir que l'un des deux. Notre justicier doit alors choisir entre sauver l'amitié de toujours (plus chère à son cœur) ou l'allié plus récent..., sachant que ce dernier représente tout de même un espoir politique et une planche de salut pour toute la ville de Gotham. Que faire donc ? Qui sacrifier ? Qu'auriez-vous choisi à sa place ?

Un dilemme philosophique bien connu

On retrouve ici une nouvelle version du « dilemme du trolley », une expérience de pensée utilisée en éthique et dans les sciences cognitives et sociales. Il s'agit de répondre à la question de la légitimité du sacrifice d'un seul au profit du bien du plus grand nombre, et finalement de savoir si *une (bonne) fin peut justifier certains moyens graves* au sens que nous avons mis au clair dans l'épisode #02 : celui d'une morale « conséquentialiste » à la Machiavel. Celle-ci voudrait que la bienveillance d'un agent moral, **c'est-à-dire le fait de vouloir le bien d'une communauté** (la sécurité et le bien-être de Gotham) **autorise une malfaisance ponctuelle** (la mort de Rachel) **si celle-ci permet d'obtenir le résultat bénéfique escompté**. Le sens commun a une formule bien connue pour ça : « On ne fait pas d'omelette sans casser des œufs ».

Le dilemme du trolley

Cette expérience de pensée entend mettre en scène de façon schématique et purement théorique ce qui se passe quand nous prenons une décision morale. Au nom de quel principe agissons-nous ?

Pour examiner cela, la philosophe Philippa Foot imagine en 1967 le scénario suivant : « Supposons qu'un homme se trouve aux commandes d'un tramway aux freins cassés, qu'il ne peut donc que diriger sur une voie ou une autre. Face à lui, un croisement : sur la première voie, cinq techniciens travaillent et risquent la mort si le trolley s'y engage, tandis qu'il n'y en a qu'un affairé sur l'autre[2]. » La majorité des individus sondés se prononcent en faveur du fait de secourir les cinq employés au détriment du cheminot isolé. Leur décision obéit donc à une **morale utilitariste** qui affirme qu'il faut obligatoirement choisir de dévier le train sur la voie occupée par l'employé seul, afin de ***minimiser le mal***.

---

2. Philippa Foot, « The Problem of Abortion and the Doctrine of the Double Effect », *Virtues and Vices*, Oxford, Basil Blackwell, 1978.

De fait, l'approche **déontologique** à la Kant, qui préconise de ne jamais, sous aucun prétexte, attenter à la vie d'autrui, nous laisse démunis. « Le kantisme a les mains pures, expliquait déjà Péguy ; par malheur, il n'a pas de mains[3]. » La morale utilitariste de Jeremy Bentham ou John Stuart Mill en revanche, semble ici plus « efficace » à assumer la complexité de nos vies (de l'ordre de la *Realpolitik* en somme), et plus intuitive aussi...

Sauf que pour faire ressentir aux sujets de l'expérience la gravité d'un tel choix, Judith Jarvis Thomson réaménage le scénario en 1985 : « Imaginez une situation – que j'appellerai celle de l'"homme obèse" – qui vous place sur un pont sous lequel va passer un tramway hors de contrôle se dirigeant sur cinq ouvriers situés de l'autre côté du pont. Que faites-vous ? Expert en tramways, vous savez qu'une manière sûre d'arrêter un tel véhicule sans freins est de placer un objet très lourd sur sa route. Mais où en trouver un ? Au même moment, un homme obèse, vraiment très gros, se trouve à vos côtés sur le pont, penché au-dessus de la voie pour regarder le tramway. Tout ce que

3. Charles Péguy, *Victor-Marie, Comte Hugo,* 1910.

vous avez à faire est de le pousser légèrement pour qu'il tombe sur les rails et bloque le tramway dans sa course. Devriez-vous exercer cette poussée ? Tous ceux à qui j'ai posé cette question m'ont répondu non. Mais pourquoi[4] ? »

On voit donc que la morale utilitariste pose des problèmes de conscience aux sujets lorsqu'il ne s'agit plus de « laisser mourir » mais de « tuer » activement. C'est comme si elle entrait alors en conflit avec un **impératif catégorique** de l'ordre de « Tu ne tueras pas », que les individus plus décomplexés face au premier scénario n'arrivent plus à congédier dans sa seconde version. Pour clarifier la situation, notons les deux alternatives : l'option 1 du premier scénario est « *Laisser mourir* cinq personnes » et l'option 2 « *Laisser mourir* une personne » ; les deux options du second scénario étant respectivement « *Laisser mourir* cinq personnes » et « *Tuer activement* une personne ».

Ce que nous montre cette déclinaison de Judith Jarvis Thomson, c'est que même face à la pire option du premier cas (laisser mourir cinq personnes), le fait de tuer *ne peut pas* emporter

4. Judith Jarvis Thomson, « The Trolley Problem », *Yale Law Journal*, vol. 94, 1985.

l'assentiment. En gros, lorsque dans le deuxième scénario, on nous offre la possibilité de ne pas commettre de meurtre, c'est le choix que nous faisons, malgré les dommages collatéraux (la mort de cinq innocents !).

Il semble donc spontanément y avoir une hiérarchie entre **l'impératif catégorique de ne jamais, sous aucun prétexte, prendre une vie**, et le principe utilitaro-conséquentialiste qui consiste à envisager les conséquences de l'action et y « maximiser l'utilité », c'est-à-dire concilier les intérêts personnels du plus grand nombre et, pour cela, faire le Mal (tuer l'homme obèse) **si** c'est pour préserver le Bien.

Que nous apprennent ces variations autour du scénario du trolley (dont nous vous épargnons les multiples autres versions, sachant que l'expérience a aussi été déclinée en réalité virtuelle pour tester les gens « en direct ») ? Eh bien, qu'il existe deux types de morale : **la première, déontologique et kantienne, soutient qu'il ne faut *jamais tuer*, en aucune circonstance**. Seulement, cet impératif catégorique ne nous aide pas à décider quand il s'agit de *laisser mourir les uns* ou de détourner la catastrophe sur les autres. Son silence la fait alors entrer en concurrence avec une seconde morale fondée sur l'**impératif hypothétique** suivant : « Tu peux laisser mourir ou tuer autrui *si cela sauve plus de vies à l'arrivée.* » Kant avait déjà reconnu ces deux tendances lorsqu'il écrivait : « Si l'action n'est bonne que comme moyen pour *quelque autre chose*, l'impératif est *hypothétique* ; si elle est représentée comme bonne *en soi*, par suite comme étant nécessairement dans une volonté qui est en soi conforme à la raison, alors, l'impératif est *catégorique*[5]. » Toute sa philosophie morale consiste d'ailleurs à récuser l'approche utilitariste, riche en règles « conditionnelles ».

Dans les *Fondements de la métaphysique des mœurs*, Kant propose ainsi deux formulations éclairantes de l'impératif catégorique, selon lui définitoire de la morale : « Agis comme si la maxime de ton action devait être érigée par ta volonté en loi universelle de la nature. » Autrement dit : **n'est moral que le choix qu'on pourrait poser comme souhaitable dans n'importe quelle situation**. Par exemple, si, affamé, je trouve un nid de flamants roses et si on me dit que leurs œufs

5. Emmanuel Kant, *Fondements de la métaphysique des mœurs*, 1785.

sont délicieux, il n'en serait pas moins immoral de me servir pour m'en faire une omelette sachant qu'il s'agit d'une espèce protégée. Universaliser un tel acte autoriserait en effet tous les hommes à piller les nids de ces animaux, ce qui les menacerait à coup sûr d'extinction.

Et pour en revenir à mes congénères et à la façon dont je dois me comporter vis-à-vis d'eux. Kant précise encore sa pensée : « Agis de telle sorte que tu traites l'humanité aussi bien dans ta personne que dans la personne de tout autre, comme une fin et jamais simplement comme un moyen. » Par là, **Kant défend l'idée d'une dignité et d'une valeur absolue attachée à chaque existence humaine**, la mienne y compris, qu'on ne peut relativiser et instrumentaliser au motif que son sacrifice serait utile à ceci ou cela.

On fait le point

Il existe deux grands types de morales. La première, **déontologique**, formule des impératifs **catégoriques** ou inconditionnels comme « Il ne faut jamais tuer », « Il ne faut jamais mentir ». L'autre, **utilitariste**, fonctionne sur le mode **hypothétique** en examinant les conséquences de l'action : « Si c'est pour le bien/la protection du plus grand nombre (ou pour les besoins d'une omelette), sacrifie le cheminot, l'homme obèse, la vérité ou les œufs nécessaires. »

Dans cette seconde approche, la notion d'« **utilité individuelle** » renvoie à l'intérêt personnel de chacun. L'idéal de l'utilitarisme étant de maximiser la « **somme des utilités** » pour aboutir à ce qu'on appelle l'« **utilité collective** » maximale (soit le bonheur du plus grand nombre).

Si Batman a commencé sa carrière dans les *Detective Comics* avec une approche non dénuée de violence[6], héritée des figures des *pulps* comme

6. Lire par exemple les épisodes #27, #30, #37 des *Detective Comics* où on le voit respectivement pousser un criminel dans de l'acide, briser la nuque d'un tireur, empaler un type sur un poignard. Dans l'épisode #01 de sa propre série, il tue aussi, par pendaison cette fois, un homme retenu à son avion. Dans le *Batman* #39, on a une autre histoire de meurtre et de coucou, puisque Batman y provoque sciemment le crash aérien mortel de son adversaire. Mais le summum est sans doute cette épisode d'octobre 1939 où il arme son pistolet d'une balle en argent, en annonçant au vilain le bel impératif catégorique : « Plus jamais tu ne tueras un être humain » Bon ok, le vilain en question est un vampire , mais l'iro-

The Shadow, il s'impose dès 1952 la règle catégorique du « *No Killing* », à une époque où les comics sont particulièrement surveillés par le lobby moraliste aux États-Unis, avec la création de la Comics Code Authority en 1954, un organisme chargé de veiller à ce qu'ils ne corrompent pas la jeunesse et qui reste influent pendant une vingtaine d'années[7]. À partir de ce moment-là, le Batman des bandes dessinées ***se moralise*** **et semble se faire l'écho de cette hiérarchie qui prône la priorité d'un interdit absolu de prendre une vie.**

Dans le film de Nolan (pour en revenir à notre omelette !), des détracteurs pourraient accuser le héros de faire le choix égoïste de sauver son amie de toujours en envoyant le commissaire et ses hommes sur l'autre adresse – à ceci près que,

---

nie de la situation ne vous aura pas échappé ! Il ne faut JAMAIS tuer Sauf si on est Batman !

7. Les éditeurs membres s'engagent à soumettre à la CCA leurs comics avant toute parution, et à ne les publier que s'ils obtiennent son aval. Quelques règles du code : toute représentation de violence excessive et de sexualité est interdite. Les figures d'autorité tout comme les groupes raciaux et religieux ne doivent pas être ridiculisés ni présentés avec un manque de respect. Le bien doit toujours triompher du mal. Et bien sûr, les publicités pour le tabac, l'alcool et les armes, ainsi que les posters et cartes postales de *pin-up* dénudées sont dorénavant prohibés.

malheureusement pour lui, le Joker a inversé les coordonnées des deux entrepôts. Mais ce n'est pas le plus intéressant à analyser. Déjà, parce que à ce moment-là de l'intrigue, le Joker ne sait PAS que Bruce Wayne est Batman si bien qu'*il ne teste pas du tout sa capacité à mettre de côté son bien personnel au profit du bien commun* (voir l'épisode #09). Non, il cherche surtout à se livrer à un petit jeu psychologique aux dépens du Batman, mais un jeu non moins philosophique.

Car tout au long du film, le clown ne cesse de mettre le justicier en difficulté, pour ensuite lui tenir des discours sur ce qu'il est vraiment, et les liens qui les unissent. Force antagoniste extrême, il nourrit donc des ambitions d'*empêcheur de penser en rond*.

C'est qu'il y a toujours eu un parallèle entre les clowns et les philosophes, comme nous le rappelait le philosophe Robert Redeker dans un article pour *Le Monde* : « Le clown est philosophe [...]. La pratique de l'art du saltimbanque par le philosophe commence dès Socrate[8]. » « Connais-toi

8. Robert Redeker « De Socrate à Chaplin, le philosophe saltimbanque », *Le Monde*, 31/10/2002. Redeker y analyse que « reconnaître le saltimbanque dans le philosophe permet de découvrir la proximité de ces deux générosités, ces deux façons de donner aux yeux

toi-même, semble ainsi socratiquement souffler le Joker à Batman (voir l'épisode #11), et mesure tes limites. As-tu conscience que tu ne peux pas *tous* les sauver ? Et partant de là, qui choisis-tu de sacrifier ? »

Le retour du critère de l'utilité ? (et les raisons de la mauvaise réput' de Batman)

Le plus important dans le choix de Batman, c'est donc le refus de notre héros de prendre en considération l'impact de l'individu sur *l'utilité collective* puisqu'il choisit de se charger du sauvetage de Rachel, objectivement moins « précieuse » à la communauté de Gotham. Officiellement – et peu importe que son geste soit aussi motivé par le fait qu'il en pincerait encore pour son ex – Batman n'agit pas plus en utilitariste que l'individu moyen confronté au scénario de l'homme obèse.

---

de tous ce qu'on n'a pas, celle du philosophe et celle du clown. "*Larvatus prodeo*", a écrit Descartes, "Je m'avance masqué" – comprenons : je m'avance, sur la scène du monde, comme étant le philosophe au masque, autrement dit, d'une certaine façon, le clown. Descartes indique ainsi **l'échangeabilité du clown et du philosophe : la figure du clown perce tout aussi bien sous le masque du philosophe que l'inverse.** »

Déjà au chapitre 2 de la bande-dessinée *Year One*[9] , alors qu'il était en planque et cerné d'ennemis et de policiers hostiles, Batman bondissait hors de sa cachette pour sauver une vieille SDF sur le point de se faire renverser sous ses yeux. Bonne action qui lui vaut d'attirer l'attention de tous, de se faire canarder – il prend une balle dans le genou au passage – et de compromettre sa mission du moment. Un utilitariste ne se serait jamais résolu à une telle décision. Pourquoi ? Parce que l'impératif très « rentabiliste » d'œuvrer à la maximisation du bien pour la communauté aurait jugé négligeable la perte d'une citoyenne « non productive » comparativement à celle du justicier qui manque d'y passer.

Dans un arc narratif tout à fait passionnant de l'univers Batman, les scénaristes ont imaginé que notre chevalier noir se retirait provisoirement. Sauf qu'un tremblement de terre a lieu, qui détruit les prisons et l'asile d'Arkham et transforme Gotham en véritable jungle urbaine, ou *No Man's Land* (c'est le titre de la série). Dans cet univers de guerre civile, les vilains s'accaparent des quartiers de la ville, tandis que les citoyens s'organisent en tribus pour survivre. Or quel critère mettent-elles

9. Frank Miller, *Batman Year One*, DC Comics, 1988.

en place ? Celui de l'utilité collective de la bande. On le comprend bien avec le dialogue suivant, qui voit plusieurs survivants tenter de rejoindre une troupe mieux organisée :

> « *Les faibles se tournent vers les forts pour survivre, ils essayent d'intégrer des tribus, argumentent pour qu'on les adopte*.
>
> — Je suis mécanicien, assure un premier homme, je peux réparer des trucs.
>
> — Retape ce vélo et tu peux rester, lui répond le trio de jeunes punk pour lequel il postule.
>
> — Je suis couturière, allègue une vieille femme, je sais coudre.
>
> — Elle peut rester, tranche l'un des jeunes, en montrant sa manche décousue.
>
> — Je suis un travailleur social, argue enfin un trentenaire à lunettes, je sais favoriser les interactions dans un environnement hostile.
>
> — ...
>
> — Je... j'aide les gens qui n'arrivent pas à s'entendre, je les aide à mieux communiquer.
>
> — Ah ouais ! juge enfin l'un des jeunes. On a besoin de ça aussi. »
>
> Batman - *No Man's Land* #1 (2000)

Après avoir ri du moment de flottement autour de la candidature du travailleur social dans ce monde justement revenu à un état de « guerre de chacun contre chacun » (comme dirait Thomas Hobbes[10]), on peut aussi remercier les scénaristes de *No Man's Land* d'avoir mis en images **un univers où le critère de l'utilité collective serait revenu en force et régnerait en souverain** en l'absence de tout impératif catégorique prioritaire de ne pas tuer ou de protéger les plus faibles. **Un tel monde est-il enviable ?** Franchement, à lire cette bande dessinée, difficile de répondre par l'affirmative !

Dans *The Dark Knight Returns*, de Frank Miller, enfin, il n'y a pas que notre justicier qui effectue un retour remarqué… Mais aussi ce bon vieil utilitarisme ! On y voit en effet Batman mener un interrogatoire musclé… et casser beaucoup d'œufs. Le *vigilante*, dans cet album où il apparaît vieilli, aigri et sur le déclin, tabasse un criminel pour lui soutirer des informations. « J'ai des droits ! » proteste l'intéressé, mais Batman le défenestre avant de lui opposer cette réponse glaçante : « Tu as des droits, des tas de droits. Parfois je les compte et j'en ai le vertige. Mais pour l'instant, tu as surtout un gros morceau de verre coincé dans une artère du bras. Et pour l'heure, tu es en train de te vider de ton sang. Je suis donc la

10. Thomas Hobbes, *Léviathan*, 1651.

seule personne au monde qui puisse te transporter à temps à l'hôpital[11]. »

Dans ce passage, la morale utilitariste à base de règles hypothétiques se révèle implicitement motrice de l'action du super-héros **avec l'idée qu'il est possible de torturer si c'est pour le bien de la collectivité.** Mais c'est encore le critère de l'utilité qui est explicitement prôné auprès du vilain puisque Batman présente la coopération comme relevant de l'« utilité individuelle » ultime du malfrat, à savoir sa seule possibilité de salut.

Cette approche intéressante de Batman est ce qui a valu au personnage une sale réputation de justicier *borderline*. Elle consistait à imaginer un Bruce Wayne torturé après des années à combattre le crime en toute solitude (à la suite du meurtre traumatisant de ses parents, ne l'oublions pas !). Mais Frank Miller n'en est pas resté là et s'est un peu emballé par la suite. La série *All Star Batman & Robin, the Boy Wonder* constitue en effet une somme de dérapages qui, encore aujourd'hui, font bien rire les fans de comics.

On y voit par exemple notre justicier tenter d'endurcir Robin en lui faisant manger des rats,

11. Frank Miller, *The Dark Knight Returns*, DC Comics, 1986.

ou encore interrompre un trafic illicite de produits chimiques sur des quais, mettre le feu à tout ce beau monde pour ensuite s'envoyer en l'air avec une super-héroïne qui passait par là (Black Canary) s'avouant très excitée par une telle démonstration de virilité sauvage, non loin de la chair humaine encore fumante des dockers. Euuuh… Ok Frank, chacun ses fantasmes. Plus sérieusement : qu'est-ce qui a bien pu faire ricaner les lecteurs ? Sans doute le fait qu'ils ne retrouvaient pas la rigueur du chevalier noir qui se dégage indéniablement de l'ensemble de ses aventures post-1950[12], si on excepte la bande dessinée *The Dark Knight* donc, et quelques histoires alternatives (les *Elseworlds* & co) vouées justement à *expérimenter* des visions moins conventionnelles du héros.

Miller ira même trop loin, en proposant à DC d'écrire un Batman qui tuerait Ben Laden et les talibans pour venger les États-Unis des attentats du 11 septembre 2001. DC refuse, ce qui pousse l'auteur à publier quelques années plus tard

---

12. Voyez par exemple son rigorisme dans la petite pépite visuelle (merci John Bolton) qu'est *Man-Bat, the Subterraneans* (DC Comics, 1995), et la façon dont il résiste à la séduisante Marilyn, tout aussi émoustillée que notre Black Canary, et à laquelle il préfère plutôt donner des leçons de morale.

Holy Terror, un roman graphique réputé pour son caractère particulièrement « rance ». Et dire que c'était chez ce même Miller lui-même qu'on voyait Batman bondir de sa cachette pour sauver une SDF au mépris de toute logique utilitariste ! Frank... Qu'est-ce qui s'est passé ?

On fait le point

Les comics sont le lieu de la liberté et des « expériences de pensée » par excellence ! Ainsi, **avec le *Dark Knight* de Frank Miller s'est développée la figure d'un Batman plus violent et à la morale plutôt utilitariste**. Cette approche innovante du justicier a passionné les lecteurs, à juste titre. Mais on n'efface pas non plus des années de morale déontologique dans l'esprit des fans, y compris celui de Christopher Nolan qui – bien que le réalisateur ait bâti son histoire à partir des péripéties imaginées par Miller – nous montre plutôt un personnage désireux de n'occasionner aucun dommage collatéral.

Comment nos super-héros répondent-ils *vraiment* au dilemme du trolley ?

Dans le film de Nolan, Batman s'interdit ainsi de laisser mourir qui que ce soit. Autrement dit, **face à un dilemme moral** comparable à la première version du scénario du trolley, **le super-héros est celui qui tente d'inventer une troisième voie.** Dans le cas de Batman, il s'agit d'envoyer le policier Gordon et ses hommes sur l'autre entrepôt. Avec un succès limité certes, dans la mesure où Rachel meurt et où Dent, s'il survit à l'explosion, en reste défiguré et devient le vilain Double-Face. Mais tout cela nous montre l'**indécrottable espoir du héros**, et le fait qu'**il n'y a souvent que les vilains pour juger que le sacrifice est légitime,** au grand désespoir de leurs propres lieutenants qui sont généralement les premiers à faire les frais de cette idéologie. À arguer qu'« on ne fait pas d'omelette sans casser d'œufs », phrase que prononçait le Joker (interprété par Jack Nicholson) dans le film de Tim Burton de 1989.

Dans le film *Spider-Man 2* de Sam Raimi (2004), où il est aussi question d'un train fou, rendu incontrôlable par Octopus, Peter Parker doit lui aussi inventer sa « troisième solution ». D'abord, il est confronté à un vilain qui balance deux ou trois passagers du train par les fenêtres, s'amusant précisément (comme le Joker dans *The Dark Knight*) du fait que **notre héros ne peut tolérer qu'une vie soit sacrifiée**. Cela ralentit donc notre ami, et permet au vilain de saboter le système de frein avant de s'éclipser. À l'issue de quoi Peter se retrouve en tête de train, dos contre le bolide, tentant de le freiner avec les pieds d'abord, contre la voie juste au-dessous de lui. Mais sa force physique surhumaine n'y suffit pas. Puis il tente de le stopper à l'aide de projections de toiles… d'abord sans succès. Il décide alors de les multiplier : deux, quatre, six, huit. La tension monte, son costume se déchire par endroits et la traction exercée sur ses bras se fait insoutenable. Il crie mais ne lâche pas. Des façades cèdent, arrachées. Pas lui. Au terme de la scène, le trolley arrête sa course juste à temps, et Peter s'évanouit pour ce qui reste l'une des plus belles scènes de films de super-héros : les passagers du train évacuant, en le portant au-dessus de leur tête et avec une dévotion émue, ce jeune homme qui a tout risqué pour eux, et qui **s'est littéralement jeté sur la voie pour les sauver**.

On fait le point

La réponse « alternative » de Batman au dilemme du trolley ? Collaborer avec les forces en présence pour mener une action collective. Celle de Spider-Man ? Se jeter lui-même sur la voie.

Cette idée de « troisième voie » sous la pression d'un impératif moral catégorique de l'ordre « Tu ne tueras ni ne laisseras mourir autrui, pas même le vilain » est particulièrement bien exprimée par Spider-Man et Captain America dans le magnifique *House of M*. Dans cet arc narratif, la Sorcière Rouge (fille de Magneto) se met à altérer des parties du Réel (à le saboter en somme) en manipulant tout son petit monde, ceci au point de menacer l'existence même de notre réalité. Dépassés par les événements et incapable de faire face à ses pouvoirs, les Avengers et les X-Men se réunissent afin d'élaborer un plan commun. Et même les plus moraux d'entre eux, comme le Professeur Xavier[13], en viennent à la conclusion qu'il va falloir la tuer :

13. Moment qui souligne d'autant plus le caractère désespéré de la situation qu'on connaît son empathie et

Professeur Xavier : J'ai fait le voyage jusqu'à New York pour discuter d'un sujet important : le sort de Wanda Maximoff.

Emma Frost : Il n'y a rien à discuter. Il faut l'abattre.

Spider-Man : L'abattre ? C'est quoi pour vous ? Un chien ?

Captain America : Je ne vous ferai même pas l'honneur d'y penser.

Wolverine : Même si on vient de passer vingt minutes à dire qu'elle met le monde dans un danger absolu ?!

Captain America : Il y a toujours un moyen.

Wolverine : Pas toujours…

Captain America : Si, toujours.

House of M, #1, Marvel, 2005.

L'exemple nous rappelle ainsi une dernière variante du dilemme du trolley dans sa version de l'homme obèse. Dans celle-ci, les personnes

---

sa répugnance à tuer ou laisser mourir. Dans le poignant arc narratif alternatif *Legion Quest*, par exemple, Xavier s'interpose pour protéger Magneto (vilain notoire et son meilleur ennemi) de l'assaut de son propre fils, Legion, et donne sa vie pour le méchant : « Et dans un élan désespéré, sa vie, son future sont sacrifiés parce qu'il n'y a jamais eu d'autre choix possible. » *X-Men*, vol. 1, #41, Marvel, 1995.

sondées sont informées du fait que l'homme sur le pont avec eux qui regarde le train en déroute est justement le saboteur. De façon intéressante, 75 % des gens sondés pensent qu'il faut alors le jeter par-dessus bord alors que, sans cet élément de la culpabilité, peu d'entre eux avaient osé la solution du sacrifice de l'homme. On remarque que **les super-héros les plus populaires** (Spider-Man ou Captain America) **font plutôt partie des 25 % minoritaires, et pourtant, ils sont précisément ceux que le public juge les plus exemplaires... les plus héroïques en fait.** Pourquoi ? **Parce qu'ils refusent les alternatives mortifères et tentent à tout prix d'éviter la mort, même des vilains !** Ceci au nom de l'impératif catégorique « Tu ne tueras ni ne laisseras mourir autrui, quel qu'il soit ».

Mais une telle déontologie peut – on le voit avec Spider-Man – se rapprocher dangereusement du sacrifice de soi jusqu'à la mort. Et cet aboutissement est ironique dans la mesure où Emmanuel Kant le réprouvait, comme en témoigne sa formulation de l'impératif catégorique : « Agis de telle sorte que tu traites l'humanité, *aussi bien dans ta personne que dans la personne de tout autre,* comme une fin et jamais simplement comme un moyen. » Mais surtout compte tenu de l'analyse du suicide qu'il fait juste après : pour le philosophe allemand, on ne peut en effet vouloir s'ôter la vie et faire de cet acte une « maxime universelle », car cela détruirait l'humanité. Il faudrait donc proscrire de se jeter sur la voie…

Cependant, comme l'analyse pour finir le philosophe Georges Gusdorf, le sacrifice n'est pas le suicide, malgré leurs ressemblances : « Il y a bien, dans le sacrifice, **l'expression d'un surnaturel humain** : l'homme n'est pas prisonnier de la nature, il peut y échapper par en haut. Il possède une liberté irréductible à toute contrainte et qui se manifeste dans cette possibilité de renoncer à sa vie pour agir sur la réalité humaine dans son ensemble. […] **le suicide n'est pas du tout le sacrifice de la vie : c'est une solution de fuite**, c'est vraiment une expérience négative […] Tandis que le sacrifice porte une signification positive et quasi prophétique. Là encore, l'opposition est totale[14]. »

---

14. Georges Gusdorf, « Le sens du sacrifice », *Bulletin de la société française de philosophie*, Armand Colin, 43e année, n° 3, juillet-septembre 1949.

Point Flash

À quelques détours près, que nous avons étudiés et expliqués, Batman et les plus grands super-héros refusent de tuer, quelle que soit la situation, sauf éventuellement à se sacrifier eux-mêmes pour sauver le plus grand nombre. Ils obéissent donc à une morale déontologique qu'on qualifiera de néo-kantienne, fondée sur des impératifs catégoriques non aménageables comme « Tu ne tueras pas », « Tu ne laisseras pas mourir autrui », etc.

Leur réponse quand on leur parle de sacrifice nécessaire de l'autre, circonstances exceptionnelles, vilain saboteur obèse à abattre, etc. ? « Va te faire cuire un œuf ! »

> Il faut que tu puisses te repérer, Matt Murdoch, sans quoi on pourra toujours t'entraîner au bord d'un précipice et te dire de faire un pas avant[1]...

Épisode #08

La perception

Vos sens vous trompent ? Daredevil & Galilée à la rescousse !

La philosophie et les comics sont unanimes : vos sens vous trompent. Un personnage s'avère en fait la métamorphe (et vilaine) Mystique des comics Marvel, l'Enchanteresse chez DC ou encore Mephisto, tous trois capables d'une imitation parfaite et indiscernable ; Rousseau nous rappelle

1. Stick au jeune Matt dans *Daredevil* #254, « TYPHOID ! », Marvel, 1988.

que le bâton plongé dans l'eau paraît cassé[2], le Soleil semble tourner autour de la Terre, une réalité tangible se révèle en fait la création de la fille de Magneto, la Sorcière Rouge…

C'est pourquoi la philosophie a au cours des siècles constamment attaqué l'insuffisance du corps et de ses sensations : de Platon, qui avec son allégorie de la caverne dénonce notre expérience lacunaire de la réalité (nous ne voyons que les ombres des choses), à l'Irlandais Berkeley qui, après examen attentif de la perception, en vient à nier l'existence de quoi que ce soit qui lui soit extérieur. Cette dernière thèse de l'immatérialisme pousse en fait à l'extrême le doute sceptique de Descartes au début des *Méditations métaphysiques* à l'origine du fameux – et grand incompris – « Je pense donc je suis » (voir l'encadré *Les Gardiens de la Philosophie* ci-dessous).

---

2. Jean-Jacques Rousseau, *Émile ou De l'Éducation* : « La première fois qu'un enfant voit un bâton plongé dans l'eau, il voit un bâton brisé : la sensation est vraie ; et elle ne laisserait pas de l'être, quand même nous ne saurions point la raison de cette apparence. Si donc vous lui demandez ce qu'il voit, il dit : Un bâton brisé, et il dit vrai, car il est très sûr qu'il a la sensation d'un bâton brisé. Mais quand trompé par son jugement, il va plus loin et qu'après avoir affirmé qu'il voit un bâton brisé, il affirme encore que ce qu'il voit est en effet un bâton brisé, alors il dit faux. »

Or un élément qui a fortement nourri la réflexion sur la perception est sans conteste la question des aveugles. Ainsi, tous les philosophes du XVIIIe siècle (Diderot, D'Alembert, Condillac) se sont penchés sur le « problème de Molyneux », du nom d'un médecin ayant découvert une possibilité d'opérer de la cataracte des aveugles-nés. Et dans l'univers des comics, Daredevil nous offre exactement le même genre d'enseignements pour nous permettre de réhabiliter le corps et les sens injustement décriés mais aussi le rôle de l'expérience dans le domaine des sciences…

Les Gardiens de la Philosophie

« Je pense donc je suis »

Avant toute chose, alertons notre super-équipe pourfendeuse de malentendus philosophiques. « Je pense donc je suis » est en effet une phrase régulièrement incomprise et maladroitement pastichée par les publicitaires et autres *marketeux*.

Ce que ça ne veut pas dire : Dans le roman *99 Francs* de Beigbeder par exemple, le narrateur Octave résume l'état d'esprit de notre société de consommation d'un « Je dépense donc je suis ». Au-delà de la pirouette (digne de Daredevil), Octave semble croire comme beaucoup qu'il s'agit de célébrer une activité (la réflexion philosophique aux yeux de Descartes ou la consommation à outrance dans notre société moderne) comme pourvoyeuse de sens, d'un sentiment d'exister pour l'individu. Alors que pas du tout !

Ce que ça veut vraiment dire : Cette phrase, formulée en latin « *cogito ergo sum* » (d'où son petit nom de « cogito » pour les intimes), est la conclusion de la *Deuxième Méditation métaphysique*, *Les Méditations métaphysiques* (au nombre de six) ayant été écrites par Descartes en 1641. Dans la *Première Méditation*, le penseur décide de vérifier par lui-même les connaissances jusqu'ici reçues passivement au gré de son vécu sensoriel et de ses études.

Pour cela, il décide de faire table rase de *toute connaissance*, endossant le rôle du sceptique. Les sensations elles-mêmes s'avèrent en effet douteuses, observe le super-philosophe, puisque lorsqu'on rêve, on perçoit des choses auxquelles on croit d'abord sans savoir qu'elles n'existent pas en dehors de notre esprit. Comment se fier à nos sens, dès lors ? Descartes pose même l'hypothèse d'un « malin génie » qui, tel le Mephisto des comics Marvel, pourrait susciter des stimuli visuels, sonores, etc., sans contrepartie dans le monde réel, c'est-à-dire ce qu'on appelle plus communément une illusion. Mais à ce scepticisme poussé à l'extrême, il s'aperçoit que quelque chose résiste : je peux en effet douter de tout, sauf que je doute. Quoi que je pense, je ne peux contester *le fait que je pense à ce moment précis*, et donc que j'existe. Dans son entreprise de refondation de ses connaissances, Descartes découvre alors une première certitude : la conviction que j'existe au moins en tant que substance pensante.

C'est déjà pas mal, mais encore loin de régler la question de la fiabilité de nos sensations, mission dont l'ami René s'acquittera en ayant recours à l'hypothèse d'un Dieu bienveillant, et que nous préférons traiter en faisant appel à Daredevil.

Première leçon de Daredevil : nous avons plus de cinq sens (si, si !)

En perdant la vue (bombardé par des déchets radioactifs au cours d'un accident), Matt Murdoch développe ses autres sens à un niveau surhumain. Son toucher devient par exemple si fin que, du bout des doigts, il devient capable de détecter l'encre sur le papier et donc de lire des documents, et il acquiert même un sens « radar ». Cette efficience du personnage malgré le handicap fait écho à la réponse de Diderot au « problème de Molyneux » évoqué plus haut, puisque, selon le philosophe, l'aveugle de naissance pourra *in fine* arriver à voir une fois opéré de sa cataracte... Mais ce sera au terme d'un apprentissage difficile, dont notre cher Matt fait pour sa part miraculeusement l'économie dans le film, où il « n'a qu'à » suivre un entraînement athlétique et d'arts martiaux pour devenir un héros. On entend déjà Docteur Je-Sais-Tue glapir : « C'est trop nul ! »..., mais nous préférons le plus poli « C'est la magie du cinéma[3] ». Ce que nous enseigne ce processus

3. Le film *Daredevil* de Mark Steven Johnson (2003) insiste sur l'action des produits chimiques auxquels Matt a été exposé au cours de l'accident. Alors que dans le comics, on découvre que notre héros a beaucoup appris

de compensation accéléré (et même de surcompensation, puisqu'un nouveau sens « radar » apparaît chez l'aveugle !), c'est que notre expérience du monde est constamment nourrie d'*une mémoire corporelle* globale dont nous sous-estimons l'importance, au détriment de l'idée fausse selon laquelle nous n'aurions que cinq sens et que la vue serait le plus important.

Si les neurophysiologistes ne sont pas vraiment d'accord sur le nombre exact de sens chez l'humain, citons tout de même le sens de l'*équilibre* (perçu au moyen des trois canaux semi-circulaires de l'oreille interne, dont notre super-héros bondissant fait copieusement usage) ou encore le sens de la *proprioception* qui nous indique la position relative des membres de notre corps et nous permet de venir poser notre index sur le bout de notre nez alors que nous avons les yeux fermés [*je parie que vous venez d'essayer*].

Autre exemple de l'importance de notre mémoire corporelle globale : aucun d'entre nous n'a jamais simultanément perçu les six faces d'un cube, et pourtant, nous savons tous qu'elles sont

---

au contact d'un autre non-voyant maître d'arts martiaux, Stick (voir par exemple le #254 « Typhoid ! » dans *Daredevil*, vol. 1, Marvel, 1988).

là quand nous le regardons. C'est que l'expérience de nos déplacements physiques et de l'inspection par d'autres sens (le toucher) alliée à la mémoire nous a appris à construire des représentations complètes de ce que nous ne percevons que de façon partielle. Ainsi, le fait que Matt Murdoch apprenne les arts martiaux d'un autre aveugle (« le maître Stick » – soit symboliquement le bâton, la canne qui guide dans l'espace) tout comme le « sens radar » du personnage ne sont pas sans rappeler l'importance des déplacements corporels soulignée par Merleau-Ponty dans *Phénoménologie de la perception*.

C'est ce qu'illustre aussi le vilain Man-Bat (un ennemi/ami de Batman, et on ne se fout pas de vous !) puisque le docteur Kirk Langstrom, expert en biologie des chiroptères (chauves-souris), tente de créer un sérum qui donnerait aux humains les pouvoirs d'écholocation de l'animal dans le noir. C'est à chaque fois à la faveur d'un déplacement dans l'espace (de l'individu ou d'ondes qu'il produit) que le personnage peut pallier son sens déficient.

Deuxième leçon : un autre sens peut corriger une illusion

Avec Rousseau, nous pouvons déjà rappeler que ce ne sont pas nos perceptions qui sont fausses, mais nos jugements : « Dans la sensation, le jugement est purement passif, il affirme ce qu'on sent. Dans la perception, ou idée, le jugement est actif ; il rapproche, il compare, il détermine des rapports que le sens ne détermine pas. Voilà toute la différence ; mais elle est grande. Jamais la Nature ne nous trompe, *c'est toujours nous qui nous trompons*[4]. » La sensation, mécanisme psycho-physique spontané, n'est pas vraie ou fausse, elle *est*, c'est tout. L'erreur vient de l'interprétation qu'on en fait, à commencer par les jugements prématurés d'identité du type « Cette personne qui a la taille de mon ami, son apparence, et même sa voix, est mon ami » (et non Mystique déguisée).

Or, plus que tout autre héros, Daredevil apprend à corroborer une sensation par une autre (de la même façon qu'un enfant plongerait la main dans l'eau pour vérifier la rectitude du bâton dans l'exemple de Rousseau). Cela rend d'ailleurs notre diablotin peu vulnérable aux numéros de méta-

4. Jean-Jacques Rousseau, *Émile ou De l'éducation*, 1762.

morphes, lui qui peut reconnaître une personne dans une salle à son rythme cardiaque et détecter le mensonge par le même biais. Notez aussi qu'il peut déterminer s'il a affaire à un homme ou une femme, malgré son silence absolu, en jugeant du poids indiqué par la foulée et les déplacements de la personne[5].

Dans un épisode des années 1970[6], il surprend ainsi une cérémonie vaudou dans Central Park, où des restes de poulet décapités ont été retrouvés les jours précédents, laissant craindre des rituels occultes. Cette cérémonie est menée par un prêtre du nom de « Brother Zed », qui terrorise la population haïtienne de la ville et obtient de l'argent par hypnose et intimidation, en condamnant les plus réfractaires à des sacrifices humains. « Quelque chose se prépare, analyse très vite notre héros dans le noir, et à en croire ces cris de colère, ça n'a rien de réjouissant ! Je perçois un groupe d'hommes, attaquant une femme, son cœur bat la chamade. Elle se débat, et je sens que ce n'est pas uniquement pour se libérer… Oh, mon Dieu, il y a un enfant, enterré

5. Comme dans l'épisode #110, « Birthright ! », vol. 1, Marvel, 1974.

6. *Daredevil*, vol. 1, #130, « Look Out DD, Here Comes the Death Man », Marvel, 1976.

dans le sol jusqu'au cou, et si j'interprète correctement les réactions de la femme, c'est le sien ! Quant à cette voix, qui aboie les ordres, cela doit être leur *houngan* ! »

Notre super-héros fond sur le groupe et libère l'enfant, mais Brother Zed s'en prend à lui, en manipulant une poupée à son effigie. Daredevil semble alors réduit à l'état de marionnette et il se débat, à la merci du prêtre à l'apparence squelettique. Brother Zed savoure son ascendant et lui dévoile son plan. C'est alors que, à la plus grande surprise de tout le monde, à commencer par celle du lecteur, Daredevil se redresse d'un bond et le maîtrise :

> — Mais tu étais à ma merci ! gémit le prêtre sans comprendre. Comment as-tu pu résister…
>
> — À ta transe hypnotique ? Ça mon pote, c'est mon problème. Et je ne voudrais pas te gâcher le plaisir de ruminer ce mystère, encore et encore, en t'arrachant les cheveux.
>
> *Daredevil*, vol. 1, #130, Marvel, 1976.

Après l'avoir remis aux autorités et copieusement traité d'odieux escroc exploitant les superstitions de ses compatriotes, Daredevil repart à travers les rues de New York (en faisant des saltos, évidemment) et nous dévoile enfin le pot aux roses : « N'importe quel autre super-héros aurait succombé aux pouvoirs hypnotiques de Brother Zed… tandis qu'hypnotiser un aveugle relève de l'impossible ! » Dans cet exemple précis, on voit combien il est précieux pour ce personnage de se fier plutôt aux stimuli sonores, au toucher, aux courants d'air et aux odeurs, et surtout comment le recoupement de toutes ces informations lui permet de « garder le nord », et de ne pas céder à des illusions visuelles qui en aurait trompé plus d'un.

On fait le point…

À la façon de Rousseau, le justicier tout de rouge vêtu nous enseigne ainsi qu'on peut bien souvent corriger une illusion perceptive par une autre sensation.

C'est cette même démarche qu'on retrouve chez le penseur et scientifique Galilée quand il corrige l'illusion du géocentrisme (le Soleil semblant, pour nous autres Terriens, tourner autour de nous) par l'observation de Vénus à la lunette astronomique. En étudiant la planète sur plusieurs nuits, le savant italien assiste en effet à un cycle de phases complet, semblable à celui de la Lune (pleine lune, premier quartier, etc.). Un spectacle que le système géocentrique d'Aristote ne peut expliquer, puisque, posant la Terre au centre, Vénus et le Soleil orbitant autour, il ne tolère qu'une Vénus toujours « pleine », c'est-à-dire avec la totalité de sa surface illuminée. Dans le système de Copernic auquel Galilée adhère aussitôt, le Soleil étant au centre, et Vénus entre la Terre et le Soleil, le caractère changeant de sa surface illuminée vue depuis la Terre s'explique selon les positions relatives de la Terre et de Vénus. Et ce système explique aussi l'illusion géocentrique par la rotation de la Terre sur elle-même : il ne laisse donc aucune sensation de côté.

Troisième leçon : on peut recourir au raisonnement

Les travaux de Galilée visent également la compréhension du mouvement et de la chute des corps. L'image d'Épinal veut que le scientifique aurait conduit des expériences depuis la tour de Pise (mais les historiens démentent cette idée reçue) pour infirmer la théorie aristotélicienne qui veut qu'un objet tombe d'autant plus vite qu'il est lourd (une plume par rapport à une pierre). En fait, tout s'est passé sur le plan logique :

Galilée a compris qu'il y avait un problème dans la loi elle-même qui pouvait aboutir à deux résultats contradictoires. Il a en effet imaginé l'expérience de pensée suivante :

The Amazing Galilée vs. The Uncanny Aristote

Soient deux billes, l'une en plomb, l'autre en bois. Si l'on en croit la loi d'Aristote, la bille métallique devrait tomber plus vite que la bille de bois.

Aussi, si on attache la bille de bois plus « lente » à l'autre, elle devrait la freiner dans sa chute.

Seulement, la même loi nous prédit tout autant qu'un assemblage des deux billes, parce qu'il pèse plus lourd que chacune d'entre elles, devrait tomber plus rapidement.

On obtient ainsi *une prédiction et son contraire par la même loi*, ce qui constitue une contradiction logique (voir épisode #10 sur la Vérité). Galilée n'a besoin que du raisonnement pour comprendre que la loi d'Aristote est fausse, et qu'il va falloir se retrousser les manches.

En 1971, David Scott, commandant de la mission Apollo 15, rend un vibrant hommage au scientifique italien en lâchant sur la Lune un marteau et une plume… qui tombent exactement à la même vitesse.

L'autre mode de correction d'une sensation trompeuse s'avère ainsi le raisonnement. C'est pourquoi Kant dit des savants de la Renaissance qu'« ils comprirent que la raison ne voit que ce qu'elle produit elle-même [...] qu'elle doit obliger la nature à répondre à ses questions et ne pas se laisser conduire pour ainsi dire en laisse par elle[7] ». L'observation n'est donc pas une soumission aux données accordées par l'univers mais un interrogatoire par des procédures expérimentales. « Mais si toute notre connaissance débute avec l'expérience, cela ne prouve pas qu'elle dérive toute de l'expérience », écrit encore le philosophe allemand, qui développe par ailleurs l'analogie suivante : dans la vie quotidienne, l'homme est à la nature ce qu'un disciple est à un maître ; dans l'expérimentation, l'homme est à la nature ce qu'un juge ou un avocat est à un témoin.

C'est d'ailleurs la profession de Matt Murdoch (Daredevil dans le civil), qui sait très bien confondre les menteurs par des interrogatoires bien menés, comme ce témoin parjure lors du procès de Willie Lincoln[8]. Et c'est encore le raisonnement qui lui

---

7. Emmanuel Kant, *Critique de la raison pure*, 1781.
8. *Daredevil*, vol. 1, #047, « Brother, Take My Hand ! », Marvel, 1968.

permet de comprendre, en tant que Daredevil cette fois, qu'il y a anguille sous roche lorsqu'une jolie jeune femme lui fait la cour un triste soir de Noël, dans un bar du quartier mal famé de Hell's Kitchen où il se morfond sur son sort (alors peu enviable en effet). Il réalise que la belle n'est pas qui elle prétend être mais bien une présence malveillante tentant d'exploiter sa faiblesse[9]. « Tu sembles si jeune, et pourtant tu as visité tant de pays sur des dates incohérentes... jeune et pourtant si âgée, la bouche pleine de belles phrases cryptiques. Où sont passés les autres clients, et pourquoi essayes-tu de me séduire ? NON ! Ne t'approche plus de moi. » Il cueille alors la mystificatrice d'un beau crochet du droit... pas très galant je vous l'accorde, sauf quand on réalise qu'il s'agit de Mephisto, tentant de le détourner de sa mission de justicier. Face aux talents d'illusionniste inégalés du Diable – véritable « malin génie », nous dirait Descartes –, Daredevil triomphe donc grâce à ses qualités de raisonnement et au fait qu'il soit resté – malgré ses émotions – vigilant et sensible aux incohérences du discours de son interlocutrice.

---

9. *Daredevil*, vol. 1, #266, « The Devil You Say ! », Marvel, 1989.

Point Flash

Daredevil et Galilée, même combat donc ! Face au constat de l'insuffisance de nos sens, les deux héros nous invitent à redoubler d'observation et à y ajouter la force du raisonnement, deux facultés capables, lorsqu'on les conjugue, de venir à bout des illusions les plus dangereuses, aussi bien celles du Diable en personne que du géocentrisme.

Épisode #09

Le bonheur

Le super-héros doit-il sacrifier ses pancakes au bien commun ?

Comme nous l'avons vu dans la première partie du livre, le super-héros œuvre pour le Bien commun. C'est même un trait présent chez tous les justiciers de comics, et cette caractéristique nous est apparue comme *nécessaire* pour prétendre au statut de super-héros. On peut alors se demander : cette manie de sauver la veuve et l'orphelin condamne-t-elle nos super-héros au malheur ? Ou

1. « Salamander Blues » de Brian Keene, dans le recueil de nouvelles *Hellboy : Oddest Jobs.*

à tout le moins, doivent-ils renoncer à leur propre bonheur pour assurer le bonheur des autres ?

Le bonheur se trouve dans un plaisir raisonnable

Le super-héros est une figure sacrificielle, ce qui signifie qu'il fait passer le bien-être et le bonheur des autres avant les siens. Aussi le voit-on souvent renoncer à satisfaire ses désirs pour se concentrer sur ses activités de justicier.

Un des sacrifices classiques du super-héros consiste par exemple à renoncer à la femme qu'il aime, et dont il pense pourtant (et le spectateur avec lui) qu'elle le rendrait heureux. C'est notamment le cas de Batman au cinéma, dans la trilogie *Dark Knight* de Christopher Nolan. À la fin du premier volet, *Batman Begins*, Rachel Dawes, l'amour d'enfance du héros, le prévient en substance qu'il devra « raccrocher les gants » et abandonner ses activités de justicier s'ils souhaitent vivre leur histoire d'amour. Que fait Bruce Wayne face à ce dilemme ? Il choisit de renoncer à sa belle, en bon super-héros.

C'est également le cas de Hellboy, qui va se détourner non seulement de ses sentiments amoureux, mais aussi de ses pancakes ! Créé en 1993 par Mike Mignola, Hellboy est un démon débarqué sur Terre par erreur fin 1944 lors d'une méga-séance de spiritisme organisée par une bande de nazis malhabiles. Recueilli par un scientifique présent sur place, il officie depuis pour le BPRD, une division secrète du gouvernement américain qui combat les forces occultes à l'abri des regards du public.

Dans l'adaptation cinématographique[2], Hellboy – qui y est dépeint émotionnellement comme une sorte de grand adolescent – vit une histoire d'amour « compliquée » (c'est de leur âge) avec Liz Sherman, sa camarade du BPRD. Liz est une jeune femme aux pouvoirs pyrokinétiques qu'elle ne contrôle pas, et qui l'ont amenée, adolescente, à tuer involontairement ses parents et tout son voisinage (ce qui la rapproche du « pauvre bougre », voir la troisième partie du livre). La culpabilité qui en résulte a laissé la jeune femme fragile et peu sûre d'elle, ce qui la poussera à « fuguer » régulièrement, abandonnant Hellboy et le BPRD. Que fait notre héros ? Il renonce à sa belle, et continue ses activités de justicier mystique au lieu de chercher à la reconquérir, comme en attestent les nombreuses lettres d'amour qui jonchent le sol de sa chambre et qu'il n'a jamais pris le temps de terminer.

---

2. *Hellboy*, film de Guillermo Del Toro, 2004.

Mais ce n'est pas tout, car il existe comme on le disait un sacrifice encore plus douloureux – car plus récurrent – dans la vie du gentil démon : le devoir l'appelle souvent alors qu'il s'apprêtait à manger ses pancakes adorés[3]. En bon héros, là aussi, Hellboy choisit toujours d'aider la communauté au lieu de rester au chaud pour manger égoïstement ses grosses crêpes joufflues. En voilà un sacrifice, un vrai !

Toutefois, peut-on conclure de ces exemples que Batman ou Hellboy sacrifient leur *bonheur* ? Ils font une croix sur leurs désirs, certes, mais le bonheur se résume-t-il à la satisfaction des désirs ? Rien n'est moins sûr, nous répondrait Socrate. Pour le montrer, il invoque dans le *Gorgias* l'exemple suivant : imaginons un galeux qui souhaiterait plus que toute chose se gratter, et qui pourrait se gratter sans limite et à loisir. Peut-on vraiment en déduire que ce galeux est heureux ? Si on lui posait la question, que répondrait-il ? Cet exemple montre bien les limites de la satisfaction des désirs comme source du bonheur, car le galeux répondrait à n'en

---

3. L'amour d'Hellboy pour les pancakes est apparu dans une courte histoire de deux pages intitulée « Pancakes », disponible au début du livre *The Right Hand of Doom*, Dark Horse Comics, 2000.

pas douter que la capacité à se gratter sans limite (satisfaction du désir) ne le rend pas heureux, et qu'il préférerait ne pas ressentir cette démangeaison constante et impérieuse (désir)...

C'est également l'avis d'Épicure, pour qui la raison, la vertu et la sagesse doivent guider notre recherche du plaisir si nous voulons qu'elle nous mène au bonheur... Mais alors, Épicure n'était pas le débauché paillard et boulimique qu'on se figure souvent ? À moi, Gardiens de la Philosophie !

Les Gardiens de la Philosophie

L'épicurisme

Épicure était un philosophe grec qui vécut autour de l'an 300 av. J.-C. La doctrine qu'il a développée, l'épicurisme, voit dans le plaisir un moyen d'accéder au bonheur, but ultime selon lui de toute vie humaine. Mais cette pensée est souvent mal comprise, comme en atteste la confusion très répandue entre les adjectifs « épicurien » et « hédoniste ».

Ce que ça ne dit pas : Il faut jouir constamment et sans entrave. Ça, c'est l'« hédonisme » !

Ce que ça dit : Des phrases d'Épicure comme « Le plaisir est le commencement et la fin de la vie heureuse » le font souvent passer pour un jouisseur invétéré, alors que sa philosophie est beaucoup plus subtile. Elle s'articule de la manière suivante.

Tout d'abord, Épicure plaçait la recherche du bonheur au centre de la vie humaine. Il écrit par exemple : « Avec le bonheur, nous avons tout ce qu'il nous faut et si nous ne sommes pas heureux, nous faisons tout pour l'être[4]. » Puis il pensait que le plaisir aidait l'homme à atteindre le bonheur... mais pas n'importe quel plaisir ! Il précise : « Nous ne parlons pas des plaisirs des gens dissolus et de ceux qui résident dans la jouissance, comme le croient certains qui ignorent la doctrine[5]. »

Pour Épicure, **c'est la sagesse qui doit nous guider dans la recherche du plaisir**, car le plaisir satisfait sans discernement peut bien souvent décevoir, amener la douleur, etc. C'est pourquoi, par exemple, le sage « ne choisit pas la nourriture qui est absolument la plus copieuse, mais la plus agréable ». En fait, le bonheur ne se trouve pas dans la recherche du maximum de plaisirs, mais dans **l'ataraxie, qui se définit comme l'absence de trouble et de désordre pour l'âme et pour le**

---

4. Épicure, *Lettre à Ménécée.*
5. Ibid.

corps. En effet, comment être heureux alors que j'ai faim ? Que j'ai froid ? Que j'ai mal ? Ou encore que je souffre d'une indigestion ?

Ainsi, il faudrait satisfaire certains de ses désirs, non pour jouir du plaisir que cela procure, mais **pour ne plus souffrir du manque**. Il faut en somme chercher les plaisirs non pas les plus grands ni les plus éphémères (car ils pourraient aussi être la source de très grands maux ultérieurs), mais ceux qui nous gardent du mal et de la douleur, et nous apportent l'ataraxie, à long terme. Pour cela, **il faut être guidé par sa raison et choisir avec sagesse, parmi les plaisirs, ceux qui nous feront atteindre le bonheur**. On est quand même loin de l'image de fêtard ventripotent qui colle à la peau de ce pauvre Épicure !

Mais revenons à nos super-moutons. **On comprend mieux désormais pourquoi les super-héros renoncent à un plaisir immédiat** : parce qu'ils sont épicuriens, justement, et qu'ils se mettent à l'abri de la douleur ! Batman, par exemple, renonce à sa douce dans le but de la protéger, certes, mais également pour se mettre à l'abri d'une peine possible et bien plus grande : la perte de sa bien-aimée. Hellboy, lorsqu'il délaisse son chariot (littéralement) de pancakes pour partir en mission, s'épargne non seulement un mal – le plus souvent le chaos, le pays à feu et à sang, etc. –, mais remet aussi à plus tard la satisfaction de son désir pour un plaisir encore plus grand dont il profitera alors pleinement.

On fait le point

On peut en conclure que, lorsque les super-héros renoncent à un plaisir immédiat, c'est dans le but d'acquérir à l'avenir un plaisir plus grand et plus durable : le Bien commun. Dans cette perspective, les super-héros ne renonceraient pas à satisfaire leurs désirs mais les hiérarchiseraient : et si le désir souverain du super-héros était en fait la justice ? Et si rendre la justice se révélait pour eux le désir à accomplir pour tendre au bonheur ?

Schopenhauer avertit héros et vilains : le bonheur n'est pas dans la satisfaction des désirs

C'est impossible, nous répondrait en substance Schopenhauer, car satisfaire ses désirs n'a jamais rendu personne heureux. En effet, ce penseur du XIXe siècle aussi allemand que jovial et primesautier nous prévient : « [L'être humain] aspire sa vie entière à un prétendu bonheur qu'il atteint rarement, et quand il l'atteint, c'est seulement pour être déçu[6]. » Avouez que le ton est donné...

Un des problèmes majeurs de la question du bonheur est que nous le concevons généralement comme un état stable, permanent, de plénitude, mais que nous le cherchons souvent à travers une succession de plaisirs ponctuels : les possessions, le rang social, les pancakes, etc. Alors que la satisfaction des désirs, nous dit Schopenhauer, n'apporte pas le bonheur mais « la déception » et « l'ennui ».

C'est en effet le cas du Lex Luthor dépeint par Zack Snyder dans son *Batman v. Superman*, un homme qui a tout pour lui : il est jeune, richissime, très intelligent et peut satisfaire le moindre

6. Arthur Schopenhauer, *Parerga et Paralipomena*, « Sur la religion », 1851.

de ses désirs. Pourtant, on apprend à l'occasion d'une discussion à bâtons rompus avec Superman vers la fin du film que Lex Luthor est un jeune homme tourmenté et malheureux. Pourquoi donc Lex Luthor n'est-il pas heureux alors que sa vie ressemble sur le papier à une liste exhaustive des critères du bonheur assortis chacun de la mention « *check* » ? C'est, nous apprend Schopenhauer, parce que le désir est une « souffrance », dont la satisfaction ne peut engendrer que l'« ennui ». « Le désir satisfait fait place aussitôt à un nouveau désir ; le premier est une déception reconnue, le second est une déception non encore reconnue. La satisfaction d'aucun souhait ne peut procurer de contentement durable et inaltérable[7]. »

En effet, on peut tous imaginer qu'une personne qui court après le métier de ses rêves, pensant que ça la rendra heureuse, cherchera bien vite, une fois cet emploi décroché, du « temps pour elle » croyant une nouvelle fois qu'il s'agit d'une des clés du bonheur. On voit bien se dessiner dans cet exemple le cycle du désir, qui, selon Schopenhauer, fait osciller interminablement l'être humain

7. Arthur Schopenhauer, *Le Monde comme volonté et comme représentation*, 1819.

entre la souffrance du manque – lorsqu'on désire – et l'ennui – lorsque le désir est satisfait.

C'est ce que montre bien le personnage de Larfleeze, issu de l'univers de *Green Lantern* chez DC Comics (pour en savoir plus sur cet univers, voir la galerie des personnages et l'épisode #06). Dans cette mythologie intergalactique, sept corps d'armée vivent en harmonie avec sept émotions, chacune représentée par une des sept couleurs de l'arc-en-ciel. On trouve donc les lanternes vertes de la volonté (dont le super-héros Green Lantern), les lanternes jaunes de la peur, les lanternes bleues de l'espoir... et la lanterne orange de l'avarice, détenue par Larfleeze, seul dans son corps d'armée – ben oui, il est avare ! Ce vilain est un authentique hédoniste, à en juger par le désordre régnant chez lui : il satisfait manifestement tous ses désirs – de chair, de possession, etc. – sans s'infliger aucune contrainte – ménage, vaisselle, sauver la veuve et l'orphelin, etc. Mais on constate, au cours d'un épisode spécial dans lequel il va poursuivre sans relâche le Père Noël[8], que ce qu'il possède déjà n'a aucune importance et que seul compte ce qu'il ne possède pas encore ; autrement dit ce qu'il désire. Dans cet épisode,

---

8. *Larfleeze Christmas Special #1*, DC Comics, 2011.

Larfleeze est obnubilé par sa liste de cadeaux – qui de plus ne contient que des choses parfaitement inutiles ou imaginaires, comme un *hoverboard* –, et on voit nettement comment, conformément aux réflexions de Schopenhauer, chaque désir satisfait ne fait que laisser place à un nouveau désir ; chaque nouvelle possession, sitôt acquise, vient gonfler les rangs de ces choses qu'il a déjà et auxquelles il ne prête plus le moindre intérêt.

Revenons à Hellboy et à ses pancakes, et raisonnons cette fois par l'absurde : imaginons que le héros préfère un beau jour rester chez lui confortablement installé entre une montagne de pancakes et une bassine de sirop d'érable. Il va manger, beaucoup, peut-être trop. Ça va être bon, à n'en pas douter, puisque la satisfaction du désir entraîne un plaisir. Mais cela le rendra-t-il pour autant « heureux » ? Non bien sûr, dirait Schopenhauer, car tandis que le désir est « long », le plaisir, lui, « ne saurait être que de courte durée[9] », laissant Hellboy en proie à l'ennui jusqu'à l'apparition d'un nouveau désir, et par conséquent d'un nouveau manque.

9. Arthur Schopenhauer, *Aphorismes sur la sagesse dans la vie*, 1880.

On fait le point

On réalise avec Schopenhauer que le super-héros ne sacrifie pas son bonheur en renonçant à ses désirs, dans la mesure où la satisfaction des désirs ne rend de toute façon pas heureux d'après le philosophe. Mais dans ces conditions, où le super-héros peut-il trouver son bonheur ?

Le bonheur se trouve dans l'action : les super-héros l'ont bien compris !

Pour tenter de répondre à cette question, évoquons le philosophe Alain (oui, c'est son nom... de philosophe du moins) qui a développé une pensée originale en plaçant l'action elle-même – et non plus ses résultats, conséquences, récompenses, etc. – au centre de la recherche du bonheur.

Pour commencer, le plaisir et le bonheur sont selon lui « deux choses très différentes, aussi différentes que l'esclavage et la liberté[10] ». Pourquoi cette analogie ? Car celui qui court après la satisfaction

10. Alain, *Propos sur le bonheur*, 1925.

de ses désirs en est *l'esclave*, alors que l'homme heureux est au contraire *maître* de son action.

C'est ce qui explique selon lui que la satisfaction permanente de ses désirs rende un personnage comme Larfleeze, cité plus tôt, éternellement frustré et malheureux. « L'ambitieux court toujours après quelque chose où il croit qu'il trouvera un bonheur rare ; mais son principal bonheur, c'est d'être bien occupé[11]. » D'après Alain, les êtres insatiables – les avares, les séducteurs, les carriéristes, etc. – ne peuvent donc *pas* être heureux puisqu'ils s'illusionnent quant à leurs objectifs : ils poursuivent un but qui, pensent-ils, les rendra heureux, alors que **c'est précisément dans la course vers cet objectif qu'il faudrait trouver le bonheur**. Voilà qui éclaire les comportements et les réactions de Larfleeze : il croit que sa collection le rendra heureux lorsqu'il aura amassé suffisamment, alors que c'est justement l'action d'amasser cette collection qui devrait le rendre heureux. Puisqu'il ne voit pas que c'est dans la course elle-même que se situe son bonheur, il trouve à chaque fois un nouveau désir, et donc une nouvelle raison de courir.

Dans ces conditions, l'homme heureux serait *celui qui fait*, aux antipodes de l'hédoniste à la

11. Ibid.

Larfleeze. Pour appuyer son propos, le philosophe invoque l'exemple de l'homme le plus heureux selon lui : le préfet de police. Un choix pour le moins étonnant (c'était, cette fois encore, une autre époque) et qui n'est pas évident quand on voit l'ancien préfet de police de Paris Michel Gaudin, mais que le philosophe justifie de la manière suivante : « Le préfet de police [...] agit toujours, et toujours dans des conditions nouvelles et imprévisibles ; tantôt contre le feu, tantôt contre l'eau ; tantôt contre l'éboulement, tantôt contre l'écrasement ; [...] souvent aussi contre la colère, et quelquefois contre l'enthousiasme. [...] Il est perception et action. Or, quand ces deux vannes, perception et action, sont ouvertes, un fleuve de vie porte le cœur de l'homme comme une plume légère[12]. »

Il nous suffit de remplacer les mots « préfet de police » par « super-héros » pour comprendre comment le justicier masqué est, dans la perspective d'Alain, l'être le plus heureux du monde : c'est précisément parce qu'il n'est jamais vautré à s'enfiler des pancakes, mais au contraire toujours dans l'action ; une action imprévisible, toujours nouvelle et obligeant à une attention de chaque instant. Pour conclure, le philosophe

12. Ibid.

ajoute : « On n'aime guère un bonheur qui vous tombe [dessus] ; on veut l'avoir fait[13]. » « Et pas se le faire livrer », pourrait-on ajouter dans le cas d'Hellboy, pour qui les pancakes ne représentent définitivement pas « le bonheur sur un plateau ». **Son bonheur, il le *fait*, et le trouve donc dans son activité de justicier**.

Le philosophe et écrivain Albert Camus a livré une interprétation du mythe de Sisyphe dans son « cycle de l'absurde » qui n'est pas sans rappeler les réflexions d'Alain. Ce mythe grec raconte que Sisyphe fut condamné par les dieux à faire rouler jusqu'en haut d'une colline une énorme pierre qui redescendrait à chaque fois qu'elle serait proche d'atteindre le sommet. Sisyphe est donc généralement considéré comme malheureux, se trouvant condamné à un effort « inutile et sans espoir [...] où tout l'être s'emploie à ne rien achever[14] ». Pourtant, Camus nous invite à changer de regard sur ce « prolétaire des dieux », en concluant : « La lutte elle-même vers les sommets suffit à remplir un cœur d'homme. Il faut imaginer Sisyphe heureux[15]. »

---

13. Ibid.
14. Albert Camus, *Le Mythe de Sisyphe*, 1942.
15. Ibid.

Point Flash

S'il veut être heureux, le super-héros *doit* sacrifier ses pancakes au Bien commun. En effet, il ne trouve son bonheur ni dans la satisfaction de ses désirs, car le plaisir qu'il en tire est de courte durée et le mène à l'ennui, ni dans le fait que la justice soit rendue, car la justice est une idée (un idéal, un horizon) qui n'est jamais tout à fait atteinte. Conformément à la pensée d'Alain, le bonheur du super-héros vient de l'action même de rendre la justice. Il émerge d'une *praxis* (un « agir »), et non des simples résultats de son action.

Qu'est-ce que vous êtes,
Dr Zolomon, un héros...
ou un vilain[1] ?

Épisode #10

La vérité

Le lasso de la vérité de Wonder Woman : piège à mythos ou attrape-nigauds ?

En 1940, Charles Moulton, alias William Moulton Marston, imagine le personnage de Wonder Woman, une princesse amazone prénommée Diana, liée aux dieux de l'Olympe. Mais il a déjà une longue carrière derrière lui : docteur en psychologie puis inventeur, ce touche-à-tout est notamment à l'origine du premier détecteur de mensonges moderne (dit polygraphe)... Rien

1. *Wonder Woman*, #214 « Truth or Dare, Part Two », DC Comics, 2005.

d'étonnant, donc, à ce qu'il équipe son héroïne d'un lasso magique capable de contraindre quiconque à dire la vérité ! Mais ce super-accessoire se montre-t-il réellement à la hauteur de son titre prometteur ? Rien n'est moins sûr… Et si ce lasso de la vérité relevait en fait de la pure escroquerie ?

Un lasso de la sincérité avant tout…

Avec cet accessoire qu'il présente comme issu de la forge d'Héphaïstos et qu'il baptise le « lasso de la vérité », Charles Moulton semble parfaire l'une de ses premières créations en imaginant le détecteur de mensonges ultime ! Car quand un polygraphe se contente de mesurer la nervosité (à travers les réactions psychophysiologiques d'un individu) afin de déterminer si la déposition du témoin est sincère ou non, le lasso va pour sa part plus loin en agissant comme un arracheur d'aveux. Dans les histoires, il permet en effet souvent d'obtenir l'identité et les intentions réelles d'un protagoniste. Pour autant, mérite-t-il d'être considéré comme un « extracteur de *vérité* » ?

Il s'agit avant tout d'un lasso de la sincérité, voire de l'« extimité », en cela qu'il empêche les captifs de dissimuler quoi que ce soit… pour un résultat parfois inattendu et désarmant de franchise. C'est par exemple le cas dans *Wonder Woman Earth One*, quand une Terrienne, Beth Candy, est entendue comme témoin lors du procès de Wonder Woman sur l'île de Themyscira. Bien sûr, les Amazones emploient le lasso pour interroger leurs témoins, pourquoi s'en priver... Et à peine a-t-il enserré la jeune femme qu'un flot bouillonnant va littéralement « jaillir » hors d'elle : « Je dois vous dire que la première fois que j'ai eu le béguin, c'était pour Sally-Jo Delvin, la reine de l'équipe de débat de l'école. »

Inutile de préciser que l'assemblée est pour le moins gênée d'entendre cette déposition de la jeune femme, dont le contenu devait se limiter aux circonstances de l'irruption de la Princesse amazone sur Terre. Enserrée par le lasso, Beth ne peut plus *cacher* ou *retoucher* le film mental qu'elle a gardé de l'arrivée de Diana, comme le souhaitait précisément l'auditoire. Mais elle ne peut plus rien dissimuler *du tout*, livrant son intériorité sans vergogne et devenant comme transparente à tous.

Le lasso de la vérité et les anges : outils à philosopher !

Bien avant nos méditations sur le lasso de Wonder Woman et son effet sur les hommes et les supra-humains, les théologiens du XIIIe siècle s'étaient déjà posé la question de la sincérité et du mensonge…, non pas chez les super-héros mais chez les anges ! Ces créatures n'ayant pas de corps, ce sont de purs esprits. Or, comme nous l'avons entrevu avec Beth Candy, le corps est indispensable au secret puisqu'il sert à dissimuler « le fond de notre pensée[2] », à dérober à autrui notre « verbe intérieur ». Ce qui signifie que, dépourvus d'enveloppe corporelle, les anges seraient incapables de secret ou de mensonge. Comment ces êtres, pourtant supérieurs aux hommes, pourraient-ils *manquer* d'une capacité aussi banalement humaine que le mensonge ?

2. Irène Rosier-Catach, « Une forme particulière de langage mental, la *locutio angelica*, selon Gilles de Rome et ses contemporains », *Le Langage mental du Moyen Âge à l'âge classique*, Éditions de l'Institut supérieur de philosophie de Louvain-la-Neuve/Peeters, 2009.

C'était tout bonnement inadmissible pour les théologiens de l'époque ! C'est pourquoi bon nombre de penseurs ont soutenu que « l'ange [devait] être libre de garder ses pensées par-devers lui, de les faire connaître à autrui quand il le décid[ait], et de s'adresser de façon ciblée à un être (qu'il s'agisse de Dieu, de lui-même, d'un autre ange ou d'un homme) », analyse Irène Rosier-Catach[3].

On peut se demander l'utilité d'une telle question. Tout d'abord, il faut bien comprendre qu'au Moyen Âge cette interrogation revêtait une importance capitale dans le cadre de la cohérence du dogme. Mais surtout, au-delà de l'aspect ésotérique, ces développements ont eu le mérite d'aider les philosophes de l'époque à penser l'homme « en creux » ; plus spécifiquement ici, l'articulation entre la pensée et la parole, la sincérité, le secret et le mensonge.

3. Irène Rosier-Catach, *Le Langage mental du Moyen Âge à l'âge classique*, Éditions de l'Institut supérieur de philosophie de Louvain-la-Neuve/Peeters, 2009.

En somme, ce que permet un détecteur de mensonge lambda, c'est de mesurer qu'il n'y a pas de déformation volontaire au moment de l'extériorisation verbale d'une « photographie intérieure » (ou « *cogitatio cordium* » – pensée du cœur – aurait-on dit au XIIIe siècle, c'était une autre époque !). On sait en effet désormais que l'activité cérébrale d'invention provoque une sécrétion d'adrénaline, une hausse de la fréquence cardiaque et respiratoire, une sudation qui augmente la conductance cutanée et des variations de pression sanguine et de diamètre pupillaire. **Dans la lignée du polygraphe, le lasso de Wonder Woman, lui, ne mesure plus mais empêche tout bonnement cette déformation**. Sous son emprise, l'individu se trouve ainsi forcé de produire une image complète de la situation vécue (sans omission donc), aux bonnes couleurs (on ne peut embellir ni dramatiser les faits) et tout à fait conforme (du latin *cum* – avec – et *formis* – les formes), c'est-à-dire que les personnes décrites sont les bonnes, dans un exposé fidèle au souvenir que nous gardons des faits. Or cela suffit-il pour prétendre à la vérité ?

Aristote nous répondrait que non, dans la mesure où **« dire la vérité » consiste non pas à produire un discours adéquat à nos représentations, du fait que ces dernières peuvent être**

partielles ou erronées, mais adéquat au réel : c'est-à-dire décrire les choses telles qu'elles sont. Le Stagirite définit ainsi dans son *Éthique à Nicomaque* la vérité comme « l'accord de nos jugements de perception [...] avec la réalité ». Autrement dit, on trouverait la **vérité empirique**, celle qui porte sur les objets du monde réel, dans **des énoncés conformes à ce réel**. En d'autres termes, elle est un lien entre ce que j'affirme et les choses. C'est ce qu'on appelle, entre super-philosophes, la théorie de la **« vérité-correspondance »**.

En somme, et comme Aristote l'écrit dans sa *Métaphysique* : « dire que ce qui est, est, et que ce qui n'est pas, n'est pas, est vrai ». Et on comprend que l'inverse est le faux : affirmer que ce qui n'est pas, est (l'invention), et que ce qui est, n'est pas (l'omission ou le déni).

On fait le point

Certaines contre-vérités sont des erreurs involontaires, tandis que d'autres (volontaires et à des fins de dissimulation) sont des mensonges. Le lasso de la vérité agit surtout sur les secondes, et à ce titre, on devrait plutôt parler de « lasso de la sincérité ».

Si l'on veut définir la vérité (la vraie !), on peut s'en remettre à la façon dont Aristote présente les **vérités empiriques**, qui concernent les êtres et les objets du monde. Celle-ci a eu un certain succès en philosophie, et sera reprise par Thomas d'Aquin qui lui donnera sa formulation proverbiale : « *adequatio rei et intellectus*[4] », soit « l'adéquation de la pensée (de notre représentation de la réalité) avec les choses ». On parle alors d'une théorie de la « **vérité-correspondance** ».

Une vraie plus-value du lasso : il œuvre à la vérité-cohérence !

Mais il n'y a pas que les vérités empiriques dans la vie ! Si je me déplace sur le plan des mathématiques en vous demandant par exemple à quoi correspondent 35/14, certains vont me répondre 5/2 et les autres 2,5, à raison. Aucun d'entre vous, pour apporter ce résultat, ne s'est amusé à découper plusieurs pizzas réelles en quatorze parts pour voir ensuite combien de tartes complètes il

4. Saint Thomas d'Aquin, *Somme théologique*, 1485.

pouvait reconstituer avec 35 portions. Vous avez normalement opéré mentalement (enfin, on l'espère !) en reconnaissant 7 x 5 dans 35 et 7 x 2 dans 14. Sachant que multiplier le numérateur et le dénominateur d'une fraction par le même nombre revient à ne rien faire, vous obtenez :

(7 x 5)/(7 x 2) = 5/2 = 2,5.

Cette réponse (et nouvelle connaissance quant à la valeur décimale d'une fraction à laquelle vous n'aviez probablement jamais réfléchi avant), vous l'apportez parce qu'elle est *cohérente* avec les connaissances logiques dont vous disposez déjà en matière de tables de multiplications et d'opérations.

Nous touchons donc là à un autre type de vérités, relativement indépendantes du monde réel : **les vérités logiques**. Celles-ci ne sont plus à définir comme des jugements adéquats au réel. Il s'agit plutôt de connaissances déduites correctement d'autres connaissances logiques déjà établies : on parle alors de théorie de la **« vérité-cohérence »**.

On fait le point

Il existe une autre approche de la vérité qui porte sur les **objets logiques** et non plus sur le réel : la théorie de la « **vérité-cohérence** ». Il s'agit alors d'une compatibilité mutuelle des différentes affirmations.

Or chez *Wonder Woman*, on voit que le lasso n'agit pas uniquement au niveau des témoignages arrachés aux vilains quant à la réalité empirique (et dont Aristote nous a bien montré qu'ils n'étaient pas nécessairement « vrais » mais juste sincères). Il astreint aussi la personne enlacée à se montrer logique dans ses raisonnements. Ce qui, avouons-le, nous aurait bien servi pour les devoirs de maths !

Le dieu de la guerre Arès lui-même en a bénéficié dans l'épisode #06[5] de *Wonder Woman*. L'outil l'aide alors à comprendre qu'il est en train de commettre une grosse boulette. Tandis qu'Arès tente de provoquer une Troisième Guerre

5. *Wonder Woman*, vol. 2, épisode #006, « The Ares onslaught », DC Comics, 1987.

mondiale en créant des tensions entre des généraux russes et américains, il est enserré par le lasso de la vérité qui le mène à comprendre son erreur. Ce lasso du *logos* (il stimule l'activité logique) lui permet de mener un raisonnement à son terme, alors que son jugement était obscurci par ses instincts et désirs. Le dieu rageur parvient ainsi à élaborer le raisonnement suivant :

– j'ai besoin de mes adorateurs humains pour exister ;

– or une Troisième Guerre mondiale occasionnerait l'extinction des humains ;

– donc une Troisième Guerre mondiale engendrerait ma perte.

Ici, le lasso permet à Arès de progresser dans sa réflexion et de passer d'une pensée à une autre : il crée les *liens* logiques (après tout, c'est un lasso !). De fait, **l'attribut de Diana est une matérialisation du cadre logique de tout discours**, comme s'il portait inscrites dans ses fibres les conditions nécessaires à la validité d'un raisonnement, dont par exemple :

– **le principe de non-contradiction** : une proposition et son contraire ne peuvent pas être vrais en même temps ;

– **le principe de causalité** : les mêmes causes produisent les mêmes effets dans les mêmes circonstances ; la cause précède toujours son effet.

Or c'est précisément ce principe de causalité que le lasso va corriger dans les réflexions du vilain. « Pourquoi, dieu de la guerre ? demande Wonder Woman, pourquoi est-ce que tu nous fais ça à nous ? Et au monde ? » Le Dieu répond, laconique : « Pour accomplir la vieille prophétie, Amazone. » En voilà, une pauvre excuse... C'est que le philosophe Alain remarque très justement dans ses *Propos sur le bonheur*[6] que l'idée de prophétie « n'est point scientifique du tout ; car ce fatalisme revient à dire : "Quelle que soit la cause, le même effet en résultera." Or nous savons que si la cause est autre, l'effet sera autre. » Bref, un petit stage de redressement à coup de cravache divine s'imposait !

Face à la réalité empirique, Diana est-elle vraiment *Vérité Woman* ?

Bonne question ! Car un raisonnement valide logiquement peut se révéler faux empiriquement. C'est ce que nous montre Robert Blanché dans son *Introduction à la logique contemporaine* (miam !).

6. Alain, *Propos sur le bonheur*, XXIV « Notre avenir », 1928.

« Nous n'avons plus affaire qu'à un schéma de raisonnement ou, si l'on veut, à un moule à raisonnements, qui donnera un raisonnement lorsqu'on y coulera une matière. **Seulement, quelle que soit cette matière, le raisonnement sera bon, parce que sa validité ne dépend que de la forme du moule, qui demeure invariante. [...] la notion de vérité semble avoir disparu[7]. »**

Et de fait, attardons-nous sur le « schéma de raisonnement » croisé dans *Wonder Woman* : un phénomène A (comme Arès) nécessite un phénomène B (Bonshommes) ; or un phénomène C (Conflit mondial) détruit B, donc C détruit A. Si je remplace A, B et C par d'autres éléments, cela peut donner la déduction suivante : les hommes ont besoin d'eau potable, or l'industrialisation et l'agriculture intensives détruisent ces ressources hydriques, donc des systèmes de production humains axés sur le rendement nuisent en fait à l'humanité.

On voit que cette dernière démonstration est tout aussi valide sur le plan logique (correcte dans son déroulement) que le calcul d'Arès. Mais si on prend également en considération l'adéquation

7. Robert Blanché, *Introduction à la logique contemporaine*, 1957.

au monde qui nous entoure (et non plus celui des comics), elle est pour ainsi dire « plus vraie », dans la mesure où le dieu de la guerre et la Troisième Guerre mondiale n'existent pas chez nous, contrairement à l'industrialisation galopante et sa pollution.

Un raisonnement valide sur le plan logique (correct dans son déroulement) peut ainsi se révéler faux : s'il inclut des prémisses inadéquates au Réel, ses conclusions seront à l'avenant.

On fait le point

L'appellation « lasso de la sincérité et de la validité logique » nous semble plus adaptée (quoique moins sexy), dans la mesure où l'outil force à la franchise mais peut aussi aider à produire un raisonnement valide sur le plan logique, c'est-à-dire correct dans sa structure et son déroulement. Mais si cette réflexion repose sur de mauvaises données, on obtient une pensée qui ne correspond pas au réel. Nos pensées peuvent en effet être cohérentes entre elles mais en contradiction avec les faits. Et alors, comment parler de « vérité » dans ces cas-là ?

Le problème des données : Nietzsche nous donne un coup de fouet !

Nous l'avons vu, la définition classique de la vérité empirique consiste en une adéquation de l'esprit ou du discours avec leur objet, les choses réelles. Mais qui peut nous garantir que le réel est bien tel que nous le percevons ?

En effet, nous pensons pouvoir affirmer qu'une photo de Polaroid est conforme à la scène, parce que nous avons cette scène devant les yeux. Sauf qu'en faisant cela, nous ne réalisons pas que la prétendue « scène » à laquelle nous comparons le Polaroid n'est pas la réalité elle-même, mais notre perception de celle-ci. Ce n'est ainsi pas à la réalité en soi que nous comparons le cliché, mais à un donné sensible : une photographie interne ! Notre œil est lui-même une lentille à travers laquelle le réel nous parvient, sans possibilité de nous en extraire pour accéder à la chose en soi. Nous saisissons donc toujours le réel par le prisme de nos sens, sans que nous ne puissions jamais sortir de nous-mêmes pour évaluer la qualité de cet « enregistrement ».

Nous avons exploré les difficultés que pose ce constat dans l'épisode #08 qui traitait de la perception, et une voix moqueuse s'en fait l'écho : « L'homme doué d'un esprit philosophique a même le pressentiment que, derrière la réalité dans laquelle nous existons et vivons, il s'en cache une autre toute différente, et que, par conséquent, la première n'est, elle aussi, qu'une apparence[8] ». Mais qui est ce type qui a enfilé son plus beau costume de Docteur Je-Sais-Tue ? Nietzsche, bien sûr ! Beaucoup plus à l'aise dans ses collants qu'on ne l'aurait cru, le philosophe s'approche de Wonder Woman et la regarde en silence, un dialogue s'engage alors entre eux :

— Parle, mortel. Que fais-tu ici ? lui lance Wonder Woman. Je connais tes exploits, philosophe allemand de la fin du XIXe siècle. On les chante depuis les plages de l'île de Themyscira jusqu'au sommet du mont Olympe. Tu es le prophète de l'athéisme, celui qui a changé les églises en tombeaux de Dieu. Comment, tu ne pensais pas que Zeus et les Amazones resteraient insensibles à tes talents ?

— Je te dirai ce que je fais ici, ô ma reine, si tu réponds d'abord à ceci. Tu crois que ce lasso peut me forcer à dire la vérité. Mais es-tu seulement certaine que la vérité existe ?

— Assez de tes énigmes, vil contradicteur ! lui assène Wonder Woman tandis qu'elle l'enserre de son lasso. Impossible ! s'écrie-t-elle alors. Pourquoi

8. Friedrich Nietzsche, *L'Origine de la tragédie*, 1872.

ne m'avoues-tu pas tes motivations ? Par le pouvoir de la divine Hestia, je t'ordonne de dire la vérité !

— C'est que la vérité dont tu parles n'existe pas, Princesse. Elle n'est qu'une sorte d'erreur[9], une illusion dont tu as oublié qu'elle l'était[10], aveuglée par tes prétendus pouvoirs. Il n'y a pas de faits « en soi ». En fait, tu appelles « vérité » un groupe de phénomènes choisis et groupés par un être qui les interprète[11]. Le Bien, le Mal, le faux, le vrai... Ce ne sont que des interprétations ! Et il est visible que la volonté de trouver le vrai n'est que l'aspiration à un monde permanent[12].

— Je m'incline devant la puissance de ton scepticisme. Mais avant de partir, j'aimerais comprendre ceci. Puisque tu affirmes que la vérité n'est rien, comment croire ce que tu dis ? Car il suffit de te rétorquer que la vérité que tu assènes selon laquelle la vérité n'est rien, n'est nécessairement rien à son tour.

---

9. Friedrich Nietzsche, *La Volonté de puissance*, 1901.
10. Friedrich Nietzsche, *Vérité et mensonge au sens extra-moral*, 1896.
11. Friedrich Nietzsche, *La Volonté de puissance*, 1901.
12. Ibid.

À ces mots, Nietzsche disparaît dans un nuage de fumée... Et dans un mouvement réflexe, comme on le ferait avec ses clés, son portefeuille ou son téléphone, Diane tâte le lasso pendu à sa ceinture dans un soupir de soulagement.

On fait le point

On voit qu'il y a une impossibilité logique au relativisme intégral et à l'idée selon laquelle « à chacun sa vérité » comme Platon l'avait déjà montré face à Protagoras (au ve siècle avant Jésus-Christ, voir « les sophistes » dans la galerie des personnages) qui affirmait que « l'homme est la mesure de toute chose », **autrement dit que tout est relatif et qu'« à chacun sa vérité »**.

Le lasso de Spinoza ? Ne confondons pas réalité et vérité !

Grisés de ce succès contre Nietzsche et le scepticisme, ne tombons pas non plus dans la naïveté en confondant réalité et vérité. Spinoza rappelle ainsi dans ses *Pensées métaphysiques* (miam-miam !) .

que la vérité concerne uniquement nos discours, nos jugements ou nos énoncés, et que le réel n'est quant à lui ni vrai ni faux : « Dire de perles, par exemple, qu'elles sont fausses, cela veut dire que ce ne sont pas de "vraies" perles, mais qu'au contraire, ce sont des imitations. Mais **ce qui est vrai (ou faux) alors, c'est le jugement porté sur l'objet**, la proposition ("ce sont des perles"), non l'objet lui-même. Il ne faut donc pas confondre vérité et réalité : les objets ne sont ni vrais ni faux, ils sont[13] . »

Or c'est sur ce point précis que certains auteurs de *Wonder Woman* se sont pris les pieds dans leur lasso.

Dans la série *JLA* imaginée par Grant Morrison (1997), Wonder Woman refuse en effet de croire la confession d'un tyran lui révélant le caractère nécessaire, et même altruiste, d'un enlèvement d'enfant. Têtue, elle préfère s'accrocher à son opinion et nier la vérité, pourtant incontestable car soutirée par le lasso. L'impensable se produit alors : le lasso de la vérité se brise, laissant Wonder Woman bien embêtée, mais plongeant surtout la réalité dans le chaos : la Terre devient plate pour quelques heures puis se retrouve au centre de l'univers, la Lune devient un fromage, etc. En

---

13. Baruch Spinoza, *Pensées métaphysiques*, 1663.

un mot, la réalité commence à ressembler aux croyances des uns et des autres. Batman va par exemple disparaître quelques heures, au moment où son statut de légende urbaine aura pris le dessus dans l'inconscient collectif.

On voit bien que cet épisode pose problème, car il confère au lasso des pouvoirs parfaitement aberrants. En effet, quand une personne ment, elle n'agit *jamais* sur le réel, mais sur *les représentations de son interlocuteur crédule*. Tant qu'il est intègre, le lasso empêche cela, et c'est tant mieux ! Mais il n'a jamais empêché que le menteur agisse sur le réel lui-même, *puisque ce pouvoir du mensonge n'existe pas* ! Si je vends de **fausses** perles (fabriquées en plastique, par exemple) à un gogo, mon mensonge et sa croyance ne changent pas la structure moléculaire de l'objet, il n'y a pas transmutation ! Ce que prouverait très bien une observation au microscope... Spinoza a donc raison (décidément c'est une manie !) de nous mettre en garde contre la tendance à importer dans l'être des propriétés du discours. Le lasso n'était qu'un instrument de vérité (et encore, on a vu qu'il se limitait même à la sincérité et la validité logique), il ne devrait pas avoir le moindre pouvoir sur le réel. Casser un microscope n'a en effet jamais permis aux matériaux de changer de nature et de propriétés !

On fait le point

La vérité n'est pas le réel. Attention aux amalgames : « Il ne faut [...] pas confondre vérité et réalité : **les objets ne sont ni vrais ni faux, ils sont** » nous prévient Spinoza.

Tout est, pour finir, une question de prudence et d'amour de la vérité

Mais cette histoire abracadabrante conserve un intérêt philosophique si l'on en revient aux origines du chaos : la première personne punie par cette situation est Wonder Woman elle-même. Pourquoi ? Parce qu'elle a refusé de reconnaître une vérité qui la blessait. Elle s'est donc rendue coupable *d'aversion pour la vérité*.

« Quiconque veut chercher sérieusement la vérité **doit avant toute chose concevoir de l'amour pour elle**. Car celui qui ne l'aime point ne saurait se tourmenter beaucoup pour l'acquérir [...] On peut dire sans se tromper qu'il y a fort peu de gens qui aiment la vérité pour l'amour de la vérité [...] Sur quoi il vaudrait la peine d'examiner comment un homme peut connaître qu'il aime sincèrement la vérité[14] », écrivait John Locke.

Selon le philosophe anglais, **c'est à la prudence dont fait preuve un individu qu'on peut juger de son amour pour la vérité**. Car aimer la vérité, c'est avant tout « ne pas recevoir une proposition avec plus d'assurance que les preuves sur lesquelles elle est fondée ne le permettent ». À l'inverse, nous dit Locke, celui qui ne fait pas preuve de tant de prudence n'aime pas la vérité : il se sert d'elle pour une fin. Et celui qui aime la vérité, lui, la recherche pour elle-même.

Or, précise Locke, « une suite constante de cette mauvaise disposition d'esprit, c'est de s'attribuer l'autorité de prescrire aux autres nos propres opinions ». Le parallèle avec l'épisode de *Wonder Woman* auquel nous faisions référence est saisissant : elle refuse d'admettre la vérité et s'accroche à ses opinions qu'elle cherche à imposer, ce qui aura pour effet de briser le lasso. La Princesse, si elle avait aimé la vérité, l'aurait acceptée en vertu des « preuves sur lesquelles elle était fondée » : le pouvoir divin du lasso.

14. John Locke, *Essai philosophique concernant l'entendement humain*, 1689.

Point Flash

Ce lasso, justement, piège à mythos ou attrape-nigauds ? Un peu des deux, dans la mesure où il empêche les vilains de mentir. Mais surtout, il permet de débusquer plusieurs idées reçues sur la vérité. Grâce à lui, nous voyons qu'il faut adopter une conception humble, prudente et « médiane » de la vérité empirique. Il s'agit de trouver la juste mesure entre une théorie de la « vérité-correspondance » avec le réel, un peu naïve (car qui peut prétendre accéder à la réalité ?), et un scepticisme débridé qui voudrait que tout soit relatif. Dans cet entre-deux, nous n'avons pas de lasso magique pour « accrocher » le réel et nous en rapprocher, mais deux outils non moins précieux : la logique (qui nous permet de construire des raisonnements pour le moins valides) et... l'amour de la vérité.

Dans cette perspective, **la vérité ne devient plus une chose que l'on découvre, mais plutôt un cheminement, une construction ou un travail progressif de la preuve** (empirique et/ou logique). Partant, la « vérité » n'est jamais quelque chose que l'on possède mais un horizon de l'activité productrice de sens.

Épilogue :

Dans *Le Banquet* de Platon, Socrate définissait le désir et l'amour (Éros) comme un manque. Cet élan est donc le signe d'une négativité : on désire par définition ce qu'on n'a pas et qui nous fait défaut. Et d'ailleurs, celui qui dit désirer ce qu'il a déjà désire en fait le conserver dans le futur (et c'est alors le temps qui introduit de la négativité). Dans l'*Apologie de Socrate*, Platon nous montre ainsi que, pour son maître, le désir de vérité, même s'il est le signe du manque de vérité, est préférable à l'opinion, et qu'il est essentiel de « savoir que l'on ne sait pas » pour le ressentir. Mais cela nous entraîne déjà vers notre épisode #11, « Connais-toi toi-même »...

Qui je suis ?! La garantie d'une bonne paire de fractures[1].

Épisode #11

La sagesse

« Connais-toi toi-même »... Comment faire quand on est Hulk ?

« Connais-toi toi-même. » L'injonction socratique, que le super-philosophe reprend du frontispice du temple de Delphes, n'a cessé de passionner les penseurs qui, de Nietzsche à Kierkegaard en passant par Sénèque, Épictète, Hegel, saint Augustin et Freud (avouez qu'il ne s'agit pas des plus manches), se la sont appropriée. Exigence

1. Hulk au super-vilain Rhino. *The Incredible Hulk*, vol.1, #378, « Rhino Plastered », Marvel, 1991.

de modestie religieuse (il faudrait connaître sa condition de mortel face aux dieux), de modestie intellectuelle (réaliser ses limites et ses lacunes – *savoir qu'on ne sait pas,* nous souffle Socrate) ou de lucidité (clarifier ses fonctionnements et névroses, avec Freud) ?

Toutes ces dimensions se retrouvent dans l'histoire du Dr Banner. Ce brillant physicien nucléaire pour l'armée conduit en effet une explosion-test pour une technologie de pointe qu'il a mise au point, la bombe gamma. Mais alors que le compte à rebours est enclenché, il réalise qu'un adolescent s'est introduit sur le site militaire des essais. En une fraction de seconde, le scientifique décide de voler (manière de parler, puisqu'il n'a encore aucun super-pouvoir) à son secours. Mais il a tout juste le temps de pousser le jeune dans une tranchée de protection sans pouvoir se garder lui-même des radiations. Son organisme mute sous l'effet des ondes gamma, et depuis, lorsque la colère ou l'angoisse l'assaillent, le docteur Bruce Banner se change en une créature colossale à la peau grise – dans un premier temps – puis verte[2] ; Hulk, un monstre doté d'une force phénoménale

2. Le gris est trop instable à l'impression, ce qui poussera Marvel à en changer pour le vert, tout en expliquant

et mu par une rage incontrôlable, avec pour seul mort d'ordre « Smash ! » Chez cette figure, conçue du propre aveu de Stan Lee comme une réécriture du *Dr Jekyll & Mr Hyde* de Robert Louis Stevenson mêlée au *Frankenstein* de Mary Shelley (d'où sa couleur grise originelle), deux personnalités (et bientôt plus) cohabitent. Alors, comment savoir qui l'on est dans de telles conditions ?! Bruce Banner, alias Hulk, met en scène les méandres d'un tel parcours avec ses culs-de-sac douloureux mais aussi ses avancées significatives et éclairantes.

« Se connaître soi-même », c'est…
… apprendre la modestie face aux forces créatrices de la Nature

À l'image du premier sens de la formule sur le temple delphique, et du sous-titre de l'une des deux grandes influences avouées du comics Hulk, *Frankenstein « ou le Prométhée moderne »*, Banner incarne le péché d'orgueil du savant qui joue avec les lois de la Nature et doit en payer le prix. Le drame majeur de son existence en atteste, narré ci-dessous par le psychologue, et non moins super-héros musculeux aux cheveux

---

scénaristiquement le changement comme un effet secondaire des radiations.

verts, Léonard Samson (chez Marvel, vous pouvez cumuler toutes ces caractéristiques, ce qui est – vous en conviendrez – plutôt cool) :

> « Bruce Banner était la référence en matière de nucléaire, à l'époque ; un scientifique brillant, un esprit cartésien. Pas forcément le type de personne qu'on aurait imaginé réagir comme il l'a fait... Car alors que le compte à rebours ne lui laisse qu'une poignée de secondes, il saute dans une Jeep et fonce au secours du vieux tacot et... ma propre théorie est la suivante : en une fraction de seconde, Banner a été confronté au Réel, à la contrepartie concrète de ses calculs théoriques. Sa bombe, sa bombe *à lui* était sur le point de se muer en machine à tuer. Comme tant de scientifiques entièrement focalisés sur leurs recherches et l'expérimentation, au mépris des applications qui en découlent, Banner venait de réaliser ce qu'il avait créé. Et il était aussi prêt à risquer sa propre vie pour se racheter auprès du cosmos. »
>
> Léonard Samson dans *The Incredible Hulk,* vol. 1, #314, Marvel, 1985.

On voit que le psychologue Samson esquisse l'idée d'une culpabilité de Banner : celle d'avoir inventé une technologie pour le challenge scientifique qu'elle représentait – parce qu'il *le pouvait* –, sans que le scientifique ne se fût vraiment questionné sur la légitimité de développer pour l'armée un tel pouvoir de tuer, ni sur les risques de livrer au monde une puissance aussi destructrice... De quoi nous remémorer le mythe de Prométhée narré dans le *Protagoras* de Platon.

Protagoras y reprend en effet le récit légendaire des origines de toutes les espèces vivantes, mais aussi de la civilisation comme de la guerre humaines. La légende raconte que le frère de Prométhée avait été chargé de répartir différentes qualités physiques (force, crocs, écailles, venin, etc.) entre les différents animaux, afin de garantir leur survie ; sauf qu'en arrivant aux hommes, l'étourdi s'aperçoit qu'il n'a plus rien en magasin, condamnant notre genre humain à rester complètement vulnérable aux ours et aux loups (pour ne prendre que deux exemples). Son frère Prométhée, rebelle, « se glisse donc furtivement dans l'atelier commun où Athéna [déesse de la stratégie militaire] et Héphaïstos [dieu de la sidérurgie, de la technique et de l'artisanat] cultivaient leur amour des arts, il y dérobe au dieu son art de manier le feu et à la déesse l'art qui lui est propre, et il en fait présent à l'homme. [...] Dans la suite, Prométhée fut, dit-on, puni du larcin qu'il avait commis[3]. » Par qui ? Zeus évidemment, le roi des dieux, pas très choucart, comme on s'en doute, de cette insubordination.

Or on retrouve l'idée de punition dans le sort de notre ami Banner, contraint d'assumer *dans sa chair* la monstruosité cachée de l'innovation technologique qu'il prétendait offrir à son tour au genre humain : un feu d'un nouveau genre (bien plus dangereux que celui qui permet de fonder une cité ou de forger des armes ou des pièges à ours et à loups), la bombe gamma. *Hulk* renoue donc avec la dimension d'humilité présente aux origines du « Connais-toi toi-même » comme du mythe prométhéen, tous deux repris par Platon. Avant de devenir une maxime des magazines féminins ou des clichés spiritualistes échangés sur Facebook (en général sur fond de photos de couchers de soleil), la formule « Connais-toi toi-même » signifiait ainsi surtout « N'oublie pas où est ta place dans l'univers », comme en témoigne sa version delphique complète, en frontispice du sanctuaire d'Apollon : « Connais-toi toi-même et tu connaîtras l'univers et les dieux[4]. »

---

3. Platon, *Protagoras*.

4. « Le "Connais-toi toi-même" montre le danger qu'il y a pour l'homme à se prendre pour un dieu : "Ne te crois

D'ailleurs, certains épisodes secondaires de notre super-héros vert en rajoutent sur le thème « punition cosmique du savant arrogant », tel ce *Tales of the Astonishing* #75 dans lequel Banner est ironiquement victime de l'une de ses dernières inventions pour l'armée avant le funeste accident : le T-Ray qui l'envoie dans le futur.

On fait le point

Se connaître soi-même, c'est donc avant tout faire l'apprentissage (douloureux pour notre héros, certes, mais que voulez-vous, les comics font rarement dans la dentelle) de ses limites et de ses responsabilités. L'homme doit cultiver la modestie face aux forces créatrices de l'univers qu'il ne saurait défier ou prétendre dompter complètement.

pas dieu" », confirme Pierre Courcelle dans *Connais-toi toi-même de Socrate à saint Bernard*, 1975.

« Se connaître soi-même », c'est aussi… … reconnaître l'étendue de son ignorance

C'est en tout cas l'interprétation qu'en donne le super-philosophe Socrate, qui a popularisé la formule du « Connais-toi toi-même » grâce à son *sidekick* Platon. L'*Apologie de Socrate* raconte cette prise de conscience du super-philosophe, en présence d'un prétendu sage en mal de modestie :

> « Il me parut en effet, en causant avec lui, que cet homme semblait sage à beaucoup d'autres et surtout à lui-même, mais qu'il ne l'était point. J'essayai alors de lui montrer qu'il n'avait pas la sagesse qu'il croyait avoir. Par là, je me fis des ennemis de lui et de plusieurs des assistants [le super-pouvoir de la maïeutique – voir « Socrate » dans la galerie des personnages – n'étant pas du goût de tous]. Tout en m'en allant, je me disais en moi-même : "Je suis plus sage que cet homme-là ; il se peut qu'aucun de nous deux ne sache rien de beau ni de bon ; mais lui croit savoir quelque chose, alors qu'il ne sait rien, tandis que moi, si je ne sais pas, je ne crois pas non plus savoir. Il me semble donc que je suis un peu plus sage que lui par le fait même que ce que je ne sais pas, je ne pense pas non plus le savoir." »
>
> Socrate, dans l'*Apologie de Socrate* de Platon.

Ce qu'identifie ici Socrate, c'est qu'il y a deux types d'ignorances : la plus grave étant celle qui s'ignore comme telle, relevant donc de la totale méconnaissance de soi. Tandis que le sage, lui, cultive une « docte ignorance » : sachant ses lacunes, il a l'humilité de se mettre en position de rechercher la vérité, tirant donc une force de cette lucidité. Par contraste, le double de Banner, Hulk, incarne l'absence totale de retour réflexif et critique sur soi. C'est que notre cher géant vert (pas celui des boîtes de maïs, l'autre) passe son temps à se faire manipuler : de Loki, à l'armée chinoise, en passant par Tyrannus, l'Hydre, Dr Doom, Apocalypse, the Lords of the Living Lightning, the Human Top..., la liste est longue ! En fait, il serait plus rapide de répertorier les personnages qui ne l'ont PAS berné. Un peu de doute ne lui ferait pas de mal : voilà un personnage qui gagnerait à suivre l'exemple de Socrate au lieu de penser qu'il a tout compris à tout !

On fait le point...

Se connaître soi-même, c'est « savoir qu'on ne sait pas » © Socrate.

« Se connaître soi-même », c'est enfin… … comprendre son fonctionnement d'être humain et d'individu

Sénèque raconte la conduite de Socrate devant la faute grave d'un de ses serviteurs. Le super-philosophe préfère laisser tomber sa colère avant de prendre des mesures : « Socrate disait à son esclave : "Comme je te battrais, si je n'étais en colère !" Pour punir, il attendit que son sang-froid fût revenu, et se fit la leçon à lui-même. Qui pourra se flatter de modérer ses passions, quand Socrate n'osa pas se fier à sa colère[5] ? »

Là encore, la lucidité du super-philosophe (sorte de *Hulkbuster*) épate : il sait que la colère déconnecte du réel, qu'elle nous met proprement « hors de nous ». Il sait qu'elle est une passion qui naît d'un désir insatisfait, d'une frustration qui obsède jusqu'à « exploser » et submerger celui qui la ressent, comme peu de passions savent le faire (là, tout de suite, on ne voit guère que la peur ou l'amour fou). La voix monte en puissance, le pouls s'accélère, la mâchoire et les traits se crispent, le corps tout entier se tend en vue de réagir et corriger sans attendre la situation. Socrate sait que la colère est une bouffée délirante à partir d'une

5. Sénèque, *De la colère*.

insatisfaction qui s'est enflée, qu'elle naît d'une réalité contrariante (ou plutôt d'une perception contrariante de la réalité) qui nous a obsédés au point de se muer en courroux.

Pour toutes ces raisons (et parce qu'il se connaît), le philosophe exclut d'agir sous son emprise, refuse de se laisser guider par elle. Un homme sage, nous montre-t-il, se connaît et se méfie de son sale caractère. Tout le contraire de notre bon vieux Hulk en somme, qui aurait gagné à étudier les philosophes de l'Antiquité ! « À l'école de Sextius-le-Père, Sénèque a [par exemple] suivi un cours où l'usage du miroir était spécialement conseillé à qui veut se guérir de la colère, explique ainsi le philosophe Pierre Courcelle, car en se regardant au miroir à l'instant de leur colère, les hommes ne se reconnaissent pas eux-mêmes, tant l'enlaidissement de leur âme altère leurs traits[6]. » Difficile de ne pas penser à Hulk face à ce constat de l'altération physique qu'opère la colère...

6. Pierre Courcelle, *Connais-toi toi-même de Socrate à saint Bernard*, 1975.

On fait le point

Se connaître soi-même, c'est aussi connaître le pouvoir de la colère et refuser de la laisser décider à notre place.

Au fil des aventures, on découvre avec Banner que l'origine de sa rage remonte à l'enfance : celle d'un petit garçon battu par son père et qui a vu sa pauvre mère succomber aux mauvais traitements. L'un des seuls éléments susceptibles de le calmer est d'ailleurs une présence féminine[7], celle de sa petite amie Betty Ross (des vertus inhibitrices transférées au personnage de la Veuve Noire, alias Scarlet Johansson, dans l'adaptation cinématographique de l'univers Marvel[8]). C'est là que l'ami Sigmund

7. « Qui est, femme radieuse, belle ? » demande le Hulk vert devant l'image de la mère de Banner qui apparaît à Bruce et ses deux alter ego gris et vert, au cours d'une séance d'hypnose organisée par le Dr Samson pour lui faire revivre la scène pathogène du meurtre de sa mère, « Me rappelle un peu Betty », ajoute le Hulk gris.

8. *The Avengers II, L'Ère d'Ultron* de Joss Whedon, 2015. Des scènes qui ne sont pas sans rappeler *King Kong*, peut-être faut-il y voir un hommage ?

Freud intervient, dans une perspective psychologique et psychanalytique, et nous demande si Hulk ne serait pas que le retour du refoulé de son hôte ? Le *Ça* traumatisé de Banner ?

La théorie freudienne de l'inconscient

Pour Freud, le psychisme de l'individu n'est pas une conscience transparente à elle-même, mais la réunion de trois instances mentales :

– Le **Ça** désigne l'ensemble des forces pulsionnelles les plus primitives issues du corps et il obéit au principe de plaisir. La logique des pulsions est en effet de rechercher une satisfaction instantanée – de faire immédiatement cesser toute frustration – par n'importe quel moyen (c'est d'ailleurs à ce titre que la « colère » est une pulsion, comme on l'a vu précédemment). Notre bon vieux Hulk symbolise ainsi parfaitement cette partie de la psyché.

– Le **Surmoi** est l'intériorisation par l'éducation de l'autorité parentale et des interdits sociaux. Cette instance est certes porteuse de limites, mais elle joue aussi un rôle positif et protecteur, indispensable au bon développement de l'individu. L'une des lectures possibles de toute la saga *Hulk* consiste à voir notre héros comme un *symbole de l'absence* *du Surmoi* (ou de ses manquements graves). Ce dont le Dr Kelloway se fait l'écho lorsqu'elle déclare : « J'ai lu le rapport psychiatrique du Docteur Léonard Samson. Il dit que tu étais comme un enfant, Hulk. Un enfant qui n'avait jamais pu grandir parce que personne n'avait eu la force de jouer le rôle d'une figure paternelle pour toi, de t'avoir appris ce qu'il fallait faire ou non[9]. »

– Le **Moi**, enfin, gère les interactions de l'individu avec le monde extérieur, et son adaptation à l'environnement. Il joue les intermédiaires entre le Ça et la réalité, en sélectionnant les pulsions à accomplir. Il gère ainsi leur réalisation en leur proposant des objets de satisfaction ou alors en refoulant les désirs inacceptables.

L'idée au cœur de la théorie freudienne, c'est que la conscience doit réaliser qu'elle est multiple, et marquée par des processus inconscients « souterrains » qu'on voit par exemple ressurgir dans les lapsus ou les rêves. Dans son *Introduction à la psychanalyse*, Freud entend ainsi nous désillusionner par cette mise en garde claire : « Le Moi n'est pas maître dans sa propre maison. » Une leçon que Banner apprendra à la dure !

9. *The Incredible Hulk Annual,* #14, « Weakness of the Flesh », Marvel, 1985.

C'est aussi la façon de penser du psy Léonard Samson, lorsqu'il prend Hulk en charge dans le but de « libérer Banner de sa prison vivante[10] ». Cette métaphore de la prison comme la figure de Betty, véritable alliée dans la lutte contre le monstre – telle Ariane pour Thésée, face au minotaure – rappellent Nietzsche évoquant l'humain comme « un homme labyrinthique » qui « ne cherche jamais que son Ariane, quoi qu'il puisse nous dire[11] ».

Le projet de Samson consistera ainsi à identifier toutes les personnalités contradictoires de Hulk et à les confronter sous hypnose. À l'épisode #377[12], on comprend que le Hulk gris, moins idiot que le vert, aurait été l'expression de la frustration adolescente de Banner (son rapport aux femmes notamment) tandis que la teinte jade exprimerait un mal-être enfantin et une colère énorme liés au meurtre de sa mère. Puis le savant s'efforcera de les fondre en un seul homme ayant l'apparence du colosse vert mais aussi l'intelligence de

10. *The Incredible Hulk,* vol. 1, #314 « Call of the Desert, Yesterday's Sorrows, Yesterday's Foes », Marvel, 1985.

11. Friedrich Nietzsche, *Ainsi parlait Zarathoustra*, 1883-1885.

12. *The Incredible Hulk*, vol. 1, #377, « Honey, I Shrunk the Hulk », Marvel, 1991.

Banner. Or ce « Hulk prof » découvrira, au terme de multiples aventures faites de découvertes sur soi et d'accalmies, de rechutes et d'espoirs déçus, que sa vraie personnalité, contrairement à ce qu'il croyait, n'est pas celle de Banner, trop vaniteuse. Et à l'heure où nous bouclons ce livre, cette quête passionnante et labyrinthique vouée à faire la paix avec le monstre (à l'apprivoiser) dure toujours... C'est même, semblerait-il, celle de toute une vie !

Point Flash

C'est à une aventure semblable à celle de Hulk que nous convie Socrate, quand il nous invite à *nous connaître nous-mêmes*. Un défi personnel entre modestie (religieuse, ou en tout cas existentielle), humilité intellectuelle et connaissance de notre fonctionnement émotionnel (les risques de la colère), voire psychique si on invite Freud dans l'escapade. Et c'est vrai que si même Banner s'y colle, avec toutes les difficultés liées à sa situation, on ne saurait trouver de bonne excuse pour s'y soustraire (non, même pas *« peux pas, j'ai piscine avec Aquaman ! »*)...

Parfois, j'ai l'impression d'avoir été là de tout temps[1].

Épisode #12

Le temps

Contrôler le temps : un super-pouvoir en tête de toutes les wish-lists ?

Qui n'a jamais rêvé de remonter le temps ? Il s'agit d'un pouvoir des plus séduisants, et pourtant, à lire les comics, il apparaît rarement comme une aptitude mobilisable à volonté chez les super-héros. Avec le roman graphique *Watchmen* d'Alan Moore, nous allons tenter de comprendre pourquoi.

Dans ce récit, le fils d'horloger (!) Dr Manhattan est le seul héros de l'équipe doté de super-pouvoirs...

1. Alan Moore & Dave Gibbons, *Watchmen*, 1986.

et lesquels ! Jon Osterman, de son vrai nom, est un chercheur en physique nucléaire qu'un accident a mué en être omnipotent et quasi omniscient. Il maîtrise ainsi totalement et sans aucune limite les atomes, et peut donc désintégrer, restructurer ou téléporter tout ce qu'il veut et ce à n'importe quelle distance. Mais surtout, il peut connaître l'avenir, comme on le constate à plusieurs moments de l'intrigue. Cependant, il n'empêche pas l'assassinat de Kennedy qu'il avait pourtant vu : « Je ne puis empêcher l'avenir. Pour moi, il se produit déjà », essaie-t-il d'expliquer en vain à sa femme. Comment marche son pouvoir ? Et surtout, s'agit-il d'une faculté souveraine ?

Dr Manhattan, dites-nous : le temps est-il une réalité physique ou une façon de percevoir le monde ?

Déjà, son pouvoir ne « marche » pas, il fonctionne (il faut être précis quand on fait de la philo !). Et il faut remarquer qu'il est décrit comme étant « de la *chronokinesis*, qui lui permet de voir le futur et le passé *d'un point de vue extérieur*[2] ». Pour comprendre ce que cela implique, il faut s'arrêter sur la nature du temps, un objet insaisissable

2. Ibid.

pour saint Augustin[3], qui ne permet ni idéalisme (Kant) ni réalisme.

« Ce qui fait problème, c'est de savoir si, oui ou non, en l'absence de l'âme, le temps pourrait être… Si la nature n'accorde qu'à l'âme la faculté de nombrer, et plus précisément à cette partie de l'âme qu'est l'intellect, il est impossible que le temps soit sans l'âme, sauf quant à son substrat, au sens où l'on dit que le mouvement peut être sans l'âme », observe Aristote[4].

En gros, si le temps est « le nombre [la mesure] du mouvement qui va de l'antérieur au postérieur », existerait-il s'il n'y avait personne pour le mesurer ? Le temps semble en effet tirer son être de l'esprit puisqu'il dépend de trois actes de conscience : la perception, le souvenir et l'anticipation. « Le temps est une forme *a priori* de la sensibilité[5] », écrit ainsi Kant, expliquant que **c'est notre esprit qui donne aux choses extérieures et intérieures la forme temporelle, c'est-à-dire de l'avant, du pendant et de l'après**.

---

3. « Qu'est-ce donc que le temps ? Si personne ne me le demande, je le sais ; mais que je veuille l'expliquer à la demande, je ne le sais pas. » Saint Augustin, *Confessions*, vers 400.

4. Aristote, *Physique.*

5. Emmanuel Kant, *Critique de la raison pure*, 1781.

Ce que confirme Alain : « Et, quoique je ne pense plus aux mouvements, aux changements dans l'objet, et encore moins aux astres et aux horloges, néanmoins il me semble que j'ai [toujours] le sentiment immédiat d'un temps en moi[6]. » Pourtant, même si on abolit la conscience du temps, on n'en abolit pas pour autant l'existence, mesurable à ses effets que sont les changements de la matière et du corps, dont le plus spectaculaire reste sans doute la mort. Concrètement, un homme plongé dans le coma sans conscience du temps qui passe n'en finira pas moins par mourir.

Une autre histoire scénarisée par Alan Moore, une aventure de Superman intitulée *For the man who has everything*[7], nous le rappelle d'ailleurs bien puisqu'on y voit Batman, Robin et Wonder Woman rendre visite à Superman pour lui offrir des cadeaux d'anniversaire (comme quoi on est attentionné, dans l'univers des super-héros !). Sauf qu'ils découvrent le Kryptonien dans un état végétatif avec, soudée à la poitrine..., une plante extra-terrestre. C'est ce qui s'appelle une lecture littérale de l'expression « état végétatif » ! Alors

6. Alain, *Éléments de philosophie*, 1941.

7. Alan Moore, *For the man who has everything*, DC Comics, 1985.

qu'ils tentent en vain de l'ôter, les super-copains sont surpris par le vilain Mongul qui leur explique qu'il s'agit d'une « *Black Mercy* », parasite végétal *alien* qui trouve un hôte auquel elle projette une rêverie dorée... jusqu'à épuisement de l'énergie vitale de celui-ci, et donc la mort.

On dira alors, avec l'ami Alan Moore, qu'**il existe deux temps : l'un subjectif, humain et social, et l'autre objectif** – le temps des « astres et des horloges » pour reprendre le propos d'Alain précité, ou que le philosophe Marcel Conche appelle aussi « temps de la nature[8] », succession pure déconnectée de la conscience dont nous peinons à parler, comme l'avait remarqué saint Augustin.

C'est paradoxalement à ce temps absolu *préconscient* que le Dr Manhattan a désormais accès, un temps dont son père avait amèrement réalisé le caractère insaisissable. Rappelons en effet qu'avant de devenir le Dr Manhattan, Osterman a rêvé d'être horloger mais qu'il a été forcé d'y renoncer sous la pression d'un père bouleversé par le bombardement d'Hiroshima, le 6 août 1945. La réaction du paternel ? « Le professeur Einstein dit que le temps varie d'un endroit à l'autre. Si le

8. Marcel Conche, *Temps et Destin*, 1980.

temps est faux, à quoi bon les horlogers ? [...] Ma profession appartient au passé. Je veux un avenir pour mon fils[9] », et réorientation fissa d'Osterman Junior vers des études de physique nucléaire qu'il termine en 1958 à Princeton (excusez du peu).

La relativité, de Galilée à Einstein

La relativité est souvent attribuée à Einstein du fait de ses célèbres théories dites de la relativité restreinte (1905) et de la relativité générale (1915). Pourtant, c'est à Galilée (encore lui, décidément !) que l'on doit ce principe, qu'il n'a au passage jamais appelé lui-même ni « principe », ni « relativité ».

Pourquoi ce nom, d'ailleurs, de *relativité* ? Car, comprend Galilée, si Thor jette son marteau en l'air dans un train lancé en ligne droite et à vitesse constante, alors il le verra monter puis descendre verticalement, exactement comme dans un train à l'arrêt. Mais si Batman regarde le train passer depuis le quai, alors il verra le marteau de Thor décrire une cloche.

9. Alan Moore & Dave Gibbons, *Watchmen*, 1986.

En somme, un même événement pourra être perçu différemment par deux personnes, et le dessin décrit par le mouvement du marteau dépend de la place de l'observateur. Il est donc relatif. En découle l'idée (dingue) que les objets qui me semblent immobiles ne le sont pas vraiment : ils se déplacent en réalité exactement à la même vitesse et dans la même direction que moi. Dans notre exemple, lorsque Thor a son marteau dans la main, ce dernier est *immobile pour lui* mais *en mouvement pour Batman*.

C'est ce principe qu'Einstein a considérablement élargi, puisqu'il l'a appliqué au Temps. Rien que ça. Il a imaginé l'expérience de pensée suivante : Superman et deux super-potes se tiennent devant une paire d'ampoules. Lorsque Superman, qui se trouve à équidistance des deux ampoules, les met en marche (grâce à la seule force de son esprit, bien sûr), il les voit s'allumer simultanément. Pourtant, comprend Einstein, le super-copain verra l'ampoule A briller avant l'ampoule B (qui est plus loin, si bien que la lumière met plus longtemps à lui parvenir) ; et inversement, la super-copine verra l'ampoule B scintiller avant l'ampoule A.

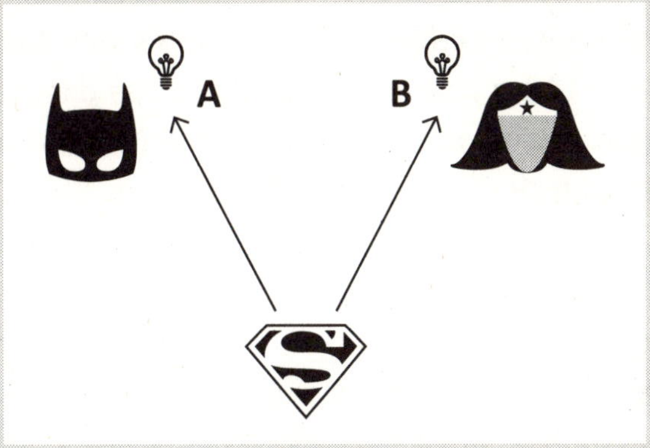

Einstein en déduit que la simultanéité n'existe pas, puisque **deux événements peuvent être simultanés ou non selon la place de l'observateur**. Cette expérience de pensée sera le point de départ de ses deux théories de la relativité, qui remettront en cause (entre autres choses) l'idée instinctive et tenace qui voudrait que le temps soit absolu, c'est-à-dire le même pour tous, partout dans l'univers.

Einstein a notamment démontré que certaines vitesses très élevées (proches de celle de la lumière, c'est-à-dire très, très loin de ce dont nous pouvons faire l'expérience) ainsi que la gravité entraînaient des phénomènes de désynchronisation. Concrètement, **cela signifie qu'il n'y a pas un temps universel mais *des* temps, chaque observateur ayant son *temps propre* en fonction de sa vitesse et de la gravité à laquelle il est soumis.**

Un physicien français de la première moitié du XXe siècle du nom de Paul Langevin a imaginé une expérience de pensée pour nous aider à appréhender concrètement les découvertes d'Einstein sur le temps : le « paradoxe des jumeaux ». Imaginons deux frères jumeaux, dont un seulement part effectuer un voyage dans l'espace à (très) grande vitesse. Que nous apprend la relativité restreinte ? **Que le jumeau voyageur, à son retour sur Terre, n'aura plus le même âge que son frère : il sera plus jeune que lui !**

En effet, si le voyage a duré un an pour le jumeau spationaute, plusieurs dizaines, centaines, voire milliers d'années se sont écoulées sur Terre selon la vitesse à laquelle il a voyagé. En somme, pour faire simple, **le temps du jumeau voyageur s'est écoulé « plus lentement » que le temps du jumeau resté sur Terre**.

On remarque d'ailleurs que peu d'auteurs de comics se sont embarrassés de ces contraintes physiques lorsqu'ils ont imaginé des personnages évoluant à des vitesses proches de celle de la lumière. Qu'il s'agisse de Flash chez DC, ou de Vif-Argent chez Marvel, force est de constater qu'ils ne subissent pas les effets de la relativité, **puisque leur temps propre ne se désynchronise pas comme il devrait du temps propre du reste de l'humanité** : après un sprint à la vitesse de la lumière, Vif-Argent a toujours le même âge que sa sœur jumelle La Sorcière Rouge ! Or, comme le montre Langevin à l'aide de son paradoxe, cette dernière devrait vieillir beaucoup plus vite que Vif-Argent *à chaque fois* qu'il se déplace à de telles vitesses. Mais bon, qui peut vraiment en vouloir aux auteurs d'avoir fait l'impasse sur cette réalité physique devant les problèmes évidents qu'elle pose sur le plan de la narration ?

Avec son nouveau pouvoir post-explosion, le Dr Manhattan réalise donc l'hypothèse du philosophe Laplace : « Une intelligence qui, pour un instant donné, connaîtrait toutes les forces dont la nature est animée [...] embrasserait dans la même formule les mouvements des plus grands corps de l'avenir et ceux du plus léger atome. Rien ne serait incertain pour elle, et l'avenir comme le passé, serait présent à ses yeux[10]. » Parce qu'il a acquis la connaissance précise (atomique) de toute chose et des lois qui régissent le mouvement (en plus du pouvoir de désintégrer, transformer, téléporter à quelque distance que ce soit et de manipuler tout ce qui est composé de matière), le Dr Manhattan n'aurait qu'à porter les yeux sur un système, soit un ensemble de particules à un moment t 1, et en déduire, d'après sa position et les coordonnées dynamiques de chaque particule, l'état futur du système au moment t 2.

En cela, il s'apparente à un dieu qui peut tout sur l'atome qu'il comprend et maîtrise totalement. D'ailleurs la bande dessinée développe bien la déshumanisation et divinisation du héros (sa mutation en

10. Pierre-Simon de Laplace, *Essai philosophique sur les probabilités*, 1814.

« Grand Horloger[11] », comme dirait Voltaire pour parler de Dieu) qui va brièvement avoir une activité de justicier, sans trop en saisir la valeur morale dans la mesure où la violence, même face à des tueurs, lui paraît de plus en plus absurde. Ainsi, c'est comme si son super-pouvoir le rendait plutôt résigné et stoïcien (voir galerie des personnages).

On fait le point

Le temps est un objet d'étude « gênant » pour la philosophie, car il est très difficile à conceptualiser. On ne peut y arriver ni en se montrant absolument réaliste (en faisant du temps une pure réalité physique), ni en adoptant une approche strictement idéaliste (du genre « le temps, c'est juste dans notre tête »). Originalité extrême : Alan Moore a conféré au Dr Manhattan une perception quasi divine du temps – en tout cas au-delà de la conscience humaine – et de l'expérience que nous en avons tous.

11. Voltaire, *Les Cabales*, 1772. « L'univers m'embarrasse et je ne puis songer – Que cette horloge existe et n'ait pas d'horloger ».

Imprévisibles particules, imprévisibles humains : le pouvoir du Dr Manhattan est peut-être à relativiser...

Mais selon le principe d'incertitude d'Heisenberg, l'état futur d'un système *subatomique* ne peut être déterminé rigoureusement du fait de sa nature même, et non d'un défaut de nos instruments (voir encadré ci-après). Comme le physicien l'a montré, on ne peut déterminer en même temps la vitesse *et* la position d'une particule, si bien qu'une éventuelle connaissance de l'avenir ne pourrait être que « probabilitaire ».

De plus, à un niveau macroscopique, la liberté humaine apparaît également : ma nature de « projet » parasite elle aussi les prédictions en me rendant imprévisible. Cette imprévisibilité est d'ailleurs formidablement exploitée dans l'industrie des comics sous la forme des albums « *What If ?* » chez Marvel ou « *Elseworlds* » chez DC, à savoir des récits parenthétiques voués à explorer ce qui se serait passé si tel ou tel héros avait opéré un autre choix que celui de l'histoire officielle, s'engageant sur une autre *timeline*.

Jean-Paul Sartre montre ainsi dans *L'Être et le Néant* que le présent détermine plus le passé que l'inverse. Car si la matière inanimée – mettons une pierre – est une pierre, qu'elle coïncide avec ce qu'elle est vraiment, ce n'est pas notre cas. Vous vous souvenez de ce que nous avait appris l'épisode #01 sur Kick-Ass ? Nous autres, humains, sommes des projets, et n'avons pas de nature *préalable* avec laquelle notre comportement coïnciderait. **Puisque nous ne sommes pas programmés pour être ce que nous sommes, c'est en vivant et en choisissant que les projets que nous sommes se déterminent**.

Voilà pourquoi Sartre souligne que le temps est par essence « être et néant » : soumis au temps, et ayant conscience de cela, nous autres – « étants » (*beings,* l'anglais étant plus éloquent que le français pour en parler) – venons du néant et nous projetons vers lui sans jamais pouvoir prétendre à l'être[12]. » C'est pourquoi on peut voir les prémonitions du Dr Manhattan moins comme une *connaissance* que comme des *intuitions* ou *convictions* de ce que l'avenir nous réserve. Celles-ci se fondent à la fois sur sa parfaite intelligence et pénétration de la physique et de ses lois, récemment acquise, mais aussi sur les derniers restes d'humanité et d'empathie qui demeurent chez lui, et sur l'intelligence prévisionnelle d'autrui qu'ils lui permettent.

12. Jean-Paul Sartre, *L'Être et le Néant*, 1943.

On fait le point

Avec Heisenberg et Jean-Paul Sartre, l'imprévisibilité refait donc surface. Une interprétation possible des pouvoirs du Dr Manhattan consiste donc à minimiser son omniscience par rapport au temps.

Heinsenberg & le chat de Schrödinger

Dans le monde physique « classique », le nôtre, on peut déterminer avec précision la situation d'un objet dans l'espace si l'on connaît sa position à un moment donné et la manière dont il se déplace (vitesse, direction, etc.). Par exemple, si vous partez en voiture à la vitesse de 100 km/h pour un trajet de dix heures, je saurai avec certitude que vous êtes à mi-parcours aux alentours de la 5e heure de votre périple, et que vous aurez parcouru 500 km. Les scientifiques se servent quotidiennement de ces calculs hérités de Newton pour prévoir la position des astres dans le ciel.

Mais dans le monde quantique ou subatomique (le monde des particules), il n'en est rien, comme l'a montré Werner Heisenberg avec son « principe d'incertitude ». Connu également sous le nom de « principe d'indétermination », ce théorème affirme qu'**on ne peut connaître *avec précision* à la fois la position et le mouvement d'une particule**. D'où son nom de « principe d'incertitude » : plus vous êtes sûr de sa position, *moins vous êtes certain* de son mouvement, et inversement. Cela ne tient pas à une insuffisance de nos connaissances ou des instruments de mesure des scientifiques, mais bien à la nature toute particulière de ces phénomènes physiques.

Ces phénomènes et leurs propriétés étant, ne nous racontons pas d'histoires, parfaitement contre-intuitifs, un physicien autrichien du nom d'Edwin Schrödinger a tenté de les mettre en mots (relativement) simplement. Pour ce faire, il a proposé en 1935 l'expérience de pensée dite du « Chat de Schrödinger », dont le principe est le suivant :

Imaginez que vous placez un chat dans une boîte où se trouve un dispositif qui pourrait (ou non) libérer un poison mortel à un moment que vous ne pouvez absolument pas déterminer à l'avance. Eh bien, le physicien nous dit que, une fois la boîte refermée, le chat est « à la fois vivant et mort », en cela que ces deux possibilités coexistent sous la forme de probabilités : 1 chance sur 2, soit 50 %. Il vous faudra *ouvrir la boîte* pour connaître l'état de ce pauvre chat, qui au demeurant n'avait rien demandé à personne.

Manipuler le temps : le super-pouvoir de l'auteur ?

Ou alors, si on tient à préserver l'idée d'une « connaissance totale », il faut en conclure que cette figure omnisciente du Dr Manhattan n'est autre que la version papier de l'être de chair qu'est l'auteur. Cette interprétation est en effet encouragée par plusieurs éléments scénaristiques. C'est que toute l'uchronie[13] des *Watchmen* découle de l'apparition du super-héros en 1959, point de divergence avec l'histoire réelle ! Son apparition bouleverse la géopolitique du comics et donne naissance à tout le fil historique développé par le récit.

Ainsi, le lithium que le Dr Manhattan peut fabriquer en masse vient concurrencer les moteurs à combustion interne au début des années 1960,

13. L'uchronie est une réécriture fictive de l'Histoire à partir de la modification d'un événement du passé.

provoquant une révolution des transports et la victoire des États-Unis sur le Viêt Nam en 1971, si bien que Richard Nixon reste au pouvoir, parvenant à minimiser le scandale du Watergate. En un mot, le Dr Manhattan est simultanément la créature et le créateur de son monde, tout à la fois personnage et cadre spatio-temporel… en un mot : Dieu de son univers. Une figure de l'auteur en somme.

Ce constat fait écho au fait que d'autres écrivains et artistes choisissent eux aussi d'apparaître dans leurs propres histoires sous les traits d'une figure omnisciente. Chez Marvel, il existe par exemple un être suprême aussi extra-lucide qu'omnipotent baptisé « Celui-qui-est-au-dessus-de-tout », et qui est une représentation avouée de l'artiste et écrivain Jack Kirby. **Contrôler le temps se révèle donc le super-pouvoir suprême, oui, parce qu'il est avant tout celui de l'auteur** qui ne le partage que parcimonieusement avec ses personnages, afin d'éviter de les rendre trop puissants. Certes, Mephisto, Le Spectre, Amora – oui, comme la moutarde –, Legion ou Kitty Pride chez les X-Men, sont par moment capables de déambulations temporelles, mais on voit bien qu'aucun de ces personnages n'a pour super-pouvoir « principal » de pouvoir manipuler le temps totalement à sa guise.

Cette faculté extra-diégétique (c'est-à-dire « qui se situe hors du récit ») permet ainsi de faire se rencontrer des personnages d'époques différentes, de faire renaître des protagonistes sacrifiés, de se projeter dans des futurs possibles... Et même de se raviser ! Dans le numéro #06 du magazine *Venus* en 1949, Loki, frère de Thor, est présenté comme une divinité olympienne bannie dans le royaume d'Hadès (les enfers chez les Grecs). Les auteurs corrigeront leur erreur ni vu ni connu dans le numéro #85 de *Journey into Mystery* en 1962. Ce « super-pouvoir » de l'auteur (et cette fâcheuse tendance à ressusciter les héros ou à les *rebooter*) sera d'ailleurs critiqué par Umberto Eco dans son livre *De Superman au surhomme*.

La palme du genre revient à l'éditeur Marvel qui, pour promouvoir la sortie en 2000 de sa nouvelle série *The Sentry*, raconte qu'il s'agit d'un héros des années 1960 qui n'était jusqu'alors jamais sorti des vieux carnets de Stan Lee, le légendaire auteur maison (qui exerce pour sa part son omniprésence dans tous les films Marvel, quels que soient les époques ou les lieux des récits des super-héros, façon clin d'œil d'auteur). Toute l'histoire se révélera une supercherie intégrale, soutenue à l'époque par le magazine *Wizard*, de mèche avec l'éditeur. En 2008, ce dernier publie même en guise de clin d'œil une mini-série intitulée *The Age of Sentry,* offrant une histoire « à l'ancienne » du héros en adoptant les codes, notamment graphiques, de l'âge d'argent des comics.

Point Flash

(À lire à la vitesse que vous souhaitez, garanti sans risque de désynchronisation avec votre entourage !)

Le temps est un problème majeur en philosophie, la question étant de savoir si c'est un fait de nature ou de l'esprit. Le Dr Manhattan s'avère une création intéressante, puisqu'il semble transcender ce dilemme. Mais qu'en est-il pour nous autres, humains ? Avec Einstein, à la suite de Galilée, nous pouvons affirmer que, si personne ne peut s'affranchir du temps (pas même nos super-héros), il n'en reste pas moins relatif aux sujets. Ainsi, les grands manipulateurs de temps dans les comics sont avant tout les auteurs eux-mêmes... et ils ont bien raison ! Parce que, tout à fait entre nous, si vous aviez un tel pouvoir : que feriez-vous à part en abuser ?

Les super-vilains

Un super-héros n'est rien sans un super-vilain[1].

Que nous apprennent toutes ces crapules sur le Mal ?

*** * * Inclus, un supplément exclusif ! * * ***

Mais pourquoi Dark Vador est-il aussi méchant ?

Pas de super-héros sans super-vilains : c'est le Mal qui motive l'engagement de nos justiciers en collants. Les méchants sont si importants, d'ailleurs, qu'ils se relayent pour alimenter cette force antagoniste comme le souligne le Silver Samouraï dans l'arc Old Man Logan *: « Tu sais combien il y a de super-vilains pour chaque super-héros ? Vingt ? Cinquante ? »*

Car sans conflit, pas d'enjeu et donc pas d'histoire. Pour prendre un exemple parlant : dans un

1. *The Amazing Spider-Man*, épisode #006, « Face-to-face With the Lizard! », Marvel, 1963.

monde sans mal, que ferait Thor de son marteau Mjolnir ? Planter des clous ?

*Pensons aux tueurs en série, aux vilains à grande échelle type Jacques Crozemarie, ancien président de l'Association pour la recherche sur le cancer, condamné en 2000 pour abus de confiance après avoir détourné l'argent de millions de donateurs convaincus de soutenir la lutte contre LE mal physique de cette fin de siècle. Plus banalement, on a tous connu ce prof ou patron humiliant et sadique, ou même ce collègue très doué pour refiler un dossier très urgent le vendredi soir, au motif qu'il n'aura pas le temps de s'en occuper car *lui* part en week-end. Vous aussi en fait, cinq minutes plus tôt, mais plus maintenant... Ça vous parle ?*

En bref, le Mal est tout autour de nous, raison pour laquelle c'est justement un sujet majeur en philosophie. Mais parce que c'est une question très épineuse, nous avons besoin des super-vilains comme miroirs grossissants.

Dans les épisodes précédents…

Le mal, c'est vraiment le bazar !

Le Mal est une question problématique pour les sciences humaines depuis des millénaires. « Que philosophie et théologie rencontrent le mal comme un *défi* sans pareil, les plus grands penseurs dans l'une ou l'autre discipline s'accordent à l'avouer, parfois avec de grands gémissements », écrit ainsi Paul Ricœur dans un essai éloquemment intitulé *Le Mal, un défi à la philosophie et à la théologie*[2].

Le premier problème qui se pose quand on s'interroge sur la nature du Mal, c'est la diversité de ses formes. Depuis Jésus-Christ, la philosophie occidentale a pris l'habitude d'en distinguer trois principales :

— **le mal moral**, qui est celui qui va essentiellement nous intéresser, soit les fautes et crimes

2. Paul Ricœur, *Le Mal, un défi à la philosophie et à la théologie*, 1986.

commis par les hommes (vols, meurtres, pillages, viols, etc.) ;

— **le mal physique**, à savoir les douleurs et souffrances dues aux maladies ou à l'âge, ainsi que les destructions opérées par les catastrophes naturelles (tornades, séismes, incendies, etc.) ;

— **le mal métaphysique** (lui aussi important pour nous) qui serait la source des deux premiers pour des penseurs comme Plotin, saint Thomas ou Leibniz : à savoir l'imperfection de toutes les créatures de Dieu, qui contrairement à leur créateur ne présentent qu'une intelligence limitée et une enveloppe corporelle vouée à se dégrader.

« Ce qui fait toute l'énigme du mal, c'est que nous plaçons sous un même terme, du moins dans la tradition de l'Occident judéo-chrétien, des phénomènes aussi disparates en première approximation que le péché, la souffrance, et la mort[3] », nous confirme ainsi Ricœur. Mais surtout, il existe une tradition très puissante, antérieure à la chrétienté et distincte du judaïsme : celle des super-philosophes de l'Antiquité.

Platon et consorts ont en effet défendu une certaine conception du mal dont l'Occident est tout autant pétri qu'il l'a été des enseignements de

---

3. Ibid.

Moïse, Jésus et de tous leurs amis prophètes. Pour l'Antiquité (d'Aristote à Diogène Laërce en passant par Cicéron), les passions qui nous poussent à commettre des crimes et injustices sont des « maladies de l'âme » qui, conformément à une théorie des humeurs héritée d'Hippocrate ou de Galien en médecine du corps, résultent d'une rupture d'équilibre. **Une partie de l'âme humaine (désir, peur) l'emporte sur la raison, ce qui fait du mal un *vice de fonctionnement* de l'individu**. Adepte de cette approche, Platon avait déjà développé (dans le *Ménon*) l'idée qu'on ne pouvait désirer le mal que si l'on se trompait : pour ce philosophe, le mal n'existe pas en lui-même, mais relève uniquement d'un mauvais calcul, d'un biais de raisonnement, c'est-à-dire *d'un vice de fonctionnement intellectuel*.

Cette idée que le mal n'existe pas en soi a d'ailleurs marqué si fortement l'Occident qu'on pourra juger héritières de cette idée les positions de saint Augustin[4] (après sa rupture avec la secte des manichéens), de saint Thomas (le mal qui serait « privation d'un bien » et non une chose réelle) et de Spinoza (le mal, qu'il soit métaphysique, moral

4. Saint Augustin, *Confessions*, vers 400.

ou physique n'a pas d'existence propre, il relève d'une illusion).

Si ce n'est que, avec la diffusion du christianisme, une nouvelle approche du bien et du mal se répand, d'origine judéo-chrétienne cette fois (même si l'Église officielle va bientôt condamner le manichéisme comme une hérésie sur ce point précis) et elle va aussi pénétrer la philosophie. Paul Ricœur nous avait prévenus du fatras d'opinions contradictoires sur la question ! **Cette pensée manichéo-chrétienne pose le mal comme un phénomène qui existe *positivement*.**

Ainsi, si vous entendez un philosophe parler de « positivité du mal » (en commentant un texte de Kant ou de Schelling par exemple), ça ne trahit pas une sympathie pour la chose, genre « le mal, c'est pas si mal ! », mais signifie que pour tout ce petit monde, le mal existe *en lui-même*, indépendamment des situations particulières lors desquelles il se manifeste. Selon certains croyants, le mal existe d'ailleurs tellement qu'il peut s'incarner et porter un nom : Satan, Lucifer, Méphistophélès, etc.

Vous avez dit « manichéen » ?

Vous savez certainement ce que signifie le terme **Manichéen**, mais connaissez-vous son origine ? Il désigne au départ une secte fondée en Perse au IIIe siècle par un certain Mani. Ce dernier aurait reçu une « révélation » à l'âge de douze ans, lui conférant la certitude qu'il était le successeur du Christ, en toute simplicité, mais surtout que la Bible racontait n'importe quoi.

Mani s'est alors mis en tête d'écrire sa propre version du bouquin, et de raconter l'origine du monde sur un mode dualiste : il postule que le monde n'est pas l'œuvre d'un Dieu unique, créateur de tout ce qui est (comme pour la religion chrétienne), mais le résultat du combat que se sont livrés deux dieux, un bon et un mauvais.

[Au passage, si ça ne vous semble pas plus téméraire que ça d'imaginer qu'il n'existe pas qu'un seul Dieu, dites-vous que cette *fan theory* lui aura quand même valu à l'époque d'être condamné à mort par épuisement, puis d'être découpé en morceaux, puis d'être cloué (en morceaux, donc…) sur la porte de la ville royale pour décourager quiconque de s'en prendre ainsi aux Saintes Écritures.]

Avant l'édit de l'empereur Justinien condamnant cette doctrine comme hérétique, saint Augustin en avait été disciple pendant près de dix ans avant de revenir sur ses convictions. Cette idée de dualisme est encore présente dans l'acception contemporaine du terme « manichéen », qui consiste à voir le monde de façon binaire : il y a les gentils, qui sont très gentils et seulement gentils, et les méchants qui sont, eux, très très méchants.

Mais alors, qu'en pensent nos comics ? Sont-ils aussi manichéens qu'ils en ont parfois la réputation ? Non, comme nous le montre très bien un Spider-Man parfois flemmard (voir épisode #04), et dont les exploits ne sont d'ailleurs pas du goût de tous les habitants de New York : Jonah Jameson, rédacteur en chef de Peter Parker au *Daily Buggle*, est persuadé que Spider-Man est un danger public. Côté méchants, on n'est pas non plus en reste avec des personnages comme Magneto ou Poison Ivy, souvent « sur le fil » (voir plus bas « Les Illuminés ») et faisant même parfois le Bien. **Tout ça nous montre que les comics ne sont pas si manichéens.**

Donc, vous voyez un peu le bazar ?! Mais séchons nos larmes, car face à ce triste champ de ruines qu'est la philosophie concernant la question du Mal, saint Augustin nous file une combine reprise par Paul Ricœur : abandonnons la question « D'où vient le Mal ? », et demandons-nous « D'où vient que nous fassions le Mal ? ». Pour ce faire, prenons exemple sur Amanda Waller[5] et faisons appel, une fois n'est pas coutume, aux super-vilains. Peut-être qu'eux pourront nous aider à identifier les motivations et ressorts à l'œuvre dans l'exercice du Mal.

5. Voir ci-après, « Une étiquette qui colle à la peau ».

Le Mal est une authentique force et ils seront plus d'un à céder à ses avances. D'où vient cette pulsion ? Cette tendance à la cruauté[1] ?...

Épisode #1

Les super-vilains : qui sont-ils ?

Déjà, qu'est-ce qu'un super-vilain ? Spontanément, on pourrait penser qu'il s'agit de l'inverse du super-héros. C'est-à-dire un supra-humain qui mettrait ses capacités extraordinaires non plus au service du Bien, mais au service du Mal. Sauf qu'on s'aperçoit très vite que, pour commencer, beaucoup de super-vilains n'ont pas de super-pouvoirs (même les plus grands, comme Lex Luthor, le Joker, Kingpin, Red Skull, etc.), mais surtout qu'un vilain comme Magneto ne fait pas le Mal pour le Mal mais pour le « bien » de ses congénères mutants. Il apparaît donc évident que nous allons

1. *Daredevil*, vol. 1, #263, « In Bitterness Not Far From Death », Marvel, 1989.

devoir fournir à nouveau une définition précise et qu'on ne pourra pas se contenter de la déduire par symétrie de la définition du super-héros donnée dans la première partie du livre.

Le premier élément d'asymétrie concerne – comme nous venons de le dire – le fait qu'apparemment le préfixe « super » de « *super*-vilain » n'a pas le même sens que chez les « *super*-héros » où il désigne des capacités supra-humaines. On s'aperçoit que le « super » de « super-vilain » est un intensificateur voué à souligner l'ampleur des crimes effectués : le fait qu'ils touchent des personnes en plus grand nombre, voire toute la communauté.

Chez *Doctor Strange* et *Cloak & Dagger* par exemple, le personnage d'Ecstasy est une super-vilaine française (son vrai nom étant Renée Deladier, et son adresse « chemin des Rosailles » puisque personne n'a prévenu Peter B. Gillis que ce n'était pas un vrai mot dans notre langue) qui répand une nouvelle drogue meurtrière sur Marseille. Lorsque Cloak se lance à sa recherche[2], il commence par interroger un jeune garçon jouant les dealers occasionnels, et qui, parce qu'il n'est qu'un sous-fifre, ne saurait être qualifié de « super-vilain », lui.

2. *Doctor Strange,* vol. 1, #78, Marvel, 1986.

Cloak l'appelle d'ailleurs sarcastiquement « *my little murderer* » (en français, « mon petit meurtrier ») pour l'intimider puis lui file la peur de sa vie avant de le relâcher.

On fait le point

Le *super*-héros est un *super-humain* héroïque, alors que le *super*-vilain n'est pas toujours super-humain : c'est *le plus vilain* des vilains. Bouh, qu'il est méchant !

Nous constatons alors que la typologie que nous avions établie dans la première partie se perfectionne. Vous vous souvenez ? Nous avions vu que le super-héros est une espèce du genre commun des supra-humains. Ça n'est pas le cas de l'espèce des super-vilains, qui transcende, dépasse, ce genre commun :

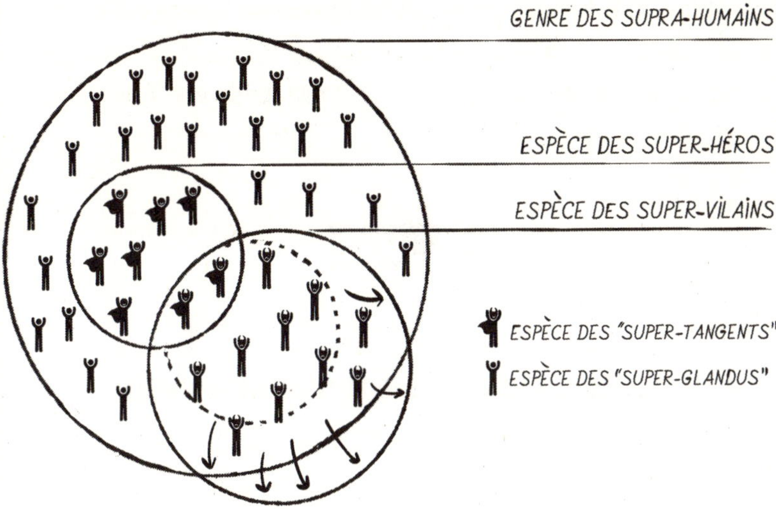

Et puisqu'il existe autant de super-vilains banalement humains que dotés de pouvoirs, nous pouvons nous demander, non plus : « Qui sont les super-vilains ? » mais : « Comment le devient-on ? »

« Ce sont des personnalités meurtries [...] certains d'entre eux mériteraient d'être internés[1]. »

Épisode #2

Comment devient-on super-vilain ?

QUAND VOS CELLULES VOUS ENVOIENT EN CELLULE : LES FACTEURS PHYSIQUES

Le pauvre bougre : première victime de ses super-pouvoirs

Il existe un type de super-vilains qui semble en partie excusable : le « **pauvre bougre** », ce vilain qui hérite de super-pouvoirs dont il ne voulait pas, qui le dépassent et qu'il ne parvient pas à maîtriser.

On en voit un bel exemple dans le film *Amazing Spider-Man 2* avec Maxwell Dillon, un ingénieur timide et solitaire victime d'un accident (pour changer...) qui

1. Le psychologue Simon Lagrieve, dans *Suicide Squad*, vol. 1, #01, DC Comics, 1988.

le transforme en Electro. Devenu très puissant et capable de conduire et de stocker l'électricité, il se rend à Time Square (carrefour new-yorkais particulièrement riche en panneaux et signaux lumineux) pour « recharger ses batteries », mais renverse accidentellement un camion qui lui fonçait dessus. On ne vous a pas menti, il est *très* puissant. Un peu trop, même, si bien que l'« embryon » de super-vilain n'est pas capable de maîtriser ses nouveaux talents.

Spider-Man arrive pour le mettre hors d'état de nuire, ce qui apparaît comme nécessaire au vu des dégâts, mais Electro n'a alors pas l'intention de commettre de crime. Il est simplement dépassé par ses pouvoirs, et ne comprend pas dans un premier temps pourquoi il est pris en chasse par l'Homme-araignée. C'est d'ailleurs une mandale de trop du héros et le rejet de la foule qui le feront verser dans le crime, et provoqueront chez lui l'intention de mettre ses pouvoirs au service du Mal.

On fait le point

Les **pauvres bougres**, comme nous les appellerons dorénavant, semblent bien excusables : ce sont des supra-humains dangereux malgré eux.

Douleur physique = gros dégâts

Une souffrance physique peut également motiver des élans de super-vilain. C'est le cas d'un méchant comme Pyro dans l'univers des X-Men, mutant capable de s'enflammer et d'incendier tout ce qui l'entoure. Lorsqu'il se retrouve atteint du Virus Legacy – sorte de peste bubonique qui cible les mutants et les empêche petit à petit de contrôler leurs pouvoirs –, il rejoint les rangs de Jonathan Chambers, alias Empyrean, un super-vilain capable de ralentir la progression des symptômes et de soulager la douleur en y gagnant personnellement en force au passage.

Lorsque les X-Men apprennent que Chambers profite de la situation, ils tentent en vain de convaincre Pyro de s'éloigner de ce type dangereux.

— Qu'est-ce que vous manigancez ? demande Cyclope.

— Cet endroit est un havre, un refuge, un hôpital et si besoin un lieu pour finir ses jours en paix, répond Pyro.

— Mais pour qui, Pyro ? demande The Beast.

— Pour ceux qui se savent condamnés et attendent de mourir. Vous comprenez maintenant ? demande Pyro en révélant ses bubons purulents. Cet endroit va devenir une colonie de lépreux pour les mutants atteints du Virus Legacy.

X-Men Annual #2, Marvel, 1993.

Cette idée de sanctuaire utopique nous rappelle à quel point l'homme, et à plus forte raison le philosophe, reste démuni face à la douleur. « Il y a dans la souffrance une absence de tout refuge. Elle est le fait d'être directement exposé à l'être. Elle est faite de l'impossibilité de fuir et de reculer. Toute l'acuité de la souffrance est dans cette impossibilité de recul », analyse ainsi le philosophe Levinas[2].

C'est tellement vrai que, cinq ans plus tard, tout espoir de « refuge » a disparu, le virus ayant complètement détraqué les pouvoirs de Pyro qui se consume littéralement. Alors qu'il se tord de douleur sur son lit d'hôpital, l'infirmière Cecilia Reyes est appelée à son chevet. Constatant de nombreuses blessures par balle, elle demande des explications au mutant à l'agonie, qui lui avoue un hold-up de banque dans le but de récolter de quoi payer un scientifique prétendument capable de lui ôter les gênes responsables de ses pouvoirs.

2. Emmanuel Levinas, *Le Temps et l'Autre*, 1979.

Un projet des plus naïfs, et dont l'énormité montre bien le désarroi du personnage en proie à une douleur déchirante, si bien qu'il semble présomptueux de le condamner trop hâtivement. C'est ce qu'avait bien compris Shakespeare avec cette réplique moqueuse extraite d'*Othello* : « Chacun peut maîtriser une souffrance, excepté celui qui la sent. On n'a jamais vu un philosophe qui endurait patiemment le mal aux dents. »

Le miséreux ou l'exclu : quand la faim justifie les moyens

Une autre souffrance physique peut être la faim, comme dans l'exemple extrême de Galactus. Jadis super-héros, il a tenté de sauver sa civilisation extraterrestre d'un *big crush* (l'inverse d'un *big bang*) en projetant son vaisseau à l'intérieur d'un trou de ver. Sauf que la manœuvre a échoué, signant la fin de son espèce, et qu'il a été changé en « dévoreur des mondes », ce qui signifie qu'il se meurt d'inanition s'il ne consomme pas de planètes (imaginez la galère pour commander sur AlloResto !). C'est aussi la faim qui pousse à son premier cambriolage un obscur comédien raté dans l'impressionnant *Killing Joke* d'Alan Moore[3], récit des origines possibles du Joker par l'intéressé (même si le super-vilain nous prévient au passage qu'il ne s'agit que d'un passé parmi d'autres, et qu'il aime en changer).

Ce dernier exemple nous montre que la faim qui taraude certains voyous auxquels se trouvent confrontés nos héros peut être très banale et réaliste. Un adversaire de Spider-Man et des Quatre Fantastiques, l'Homme-Sable, illustre encore mieux cette situation. William Baker naît et grandit dans un quartier pauvre de New York. Son père quitte le domicile alors qu'il n'a que trois ans le laissant seul avec sa mère, dans la misère. Voilà pourquoi il apprend à voler très tôt. Au lycée encore, il est très bon joueur de football, mais gâche ses chances de faire carrière le jour où il accepte de l'argent pour perdre un match important. Baker intègre alors une bande de racketteurs sous le nom de Flint Marko. Après plusieurs arrestations et séjours en prison, il réussit à s'évader et se réfugie sur un site d'essais nucléaires. Lorsqu'un des réacteurs explose, il est irradié et devient « l'Homme-Sable ». On voit bien

3. Alan Moore & Brian Bolland, *Killing Joke,* DC Comics, 1988.»

le caractère décisif de l'indigence (et de l'absence paternelle) dans son parcours de vie.

Et la philosophie, qu'on accuse souvent d'être abstraite et idéaliste, n'est pas sans avoir pensé cette nécessité vitale. Au XIIIe siècle, Thomas d'Aquin dans la *Somme théologique* développe l'idée qu'il n'y a pas de « vol » à proprement parler, si le pauvre n'a d'autre choix pour survivre que de s'octroyer ce dont le riche n'a pour sa part pas besoin pour vivre. Si une telle urgence (vitale) due au mal physique (la disette) excuserait un larcin, le vol relève pourtant du mal moral dans les autres cas, parce qu'il assouvit alors un *désir* et non un *besoin alimentaire*. Comme le dit André Comte-Sponville : « L'homme fait le mal pour son bien à lui, et c'est ce que j'appelle **un salaud**. [...] Quand quelqu'un vous vole votre voiture ou votre manteau, il ne le fait pas pour faire le mal, mais parce que ce sont des biens d'avoir une voiture ou un manteau. [...] Le salaud *fait le mal pour son bien à soi*[4]. »

Et en dernier lieu, qu'aurait dit Thomas d'Aquin de Galactus alias le dévoreur des mondes, poussé

---

4. André Comte-Sponville, *Le Mal,* conférence avec Michel Terestchenko, piste XIV, « Le méchant, le pervers, le salaud, le médiocre », Label Frémeaux et associés, 2010.

par une famine cosmique ? Probablement que le meurtre, en revanche, ne saurait être pardonné (faut quand même pas pousser !). L'intéressé en a d'ailleurs sûrement conscience, ou du moins son héraut le Surfeur d'Argent (voir épisode #01) puisqu'il ne cherche au départ que des planètes inhabitées.

On fait le point

Voler pour se nourrir est excusable. Tuer non, en revanche, tout comme le vol pour un profit personnel. Ce dernier concerne des super-vilains coupables d'égoïsme et de cupidité qu'on va désigner sous le terme de **salauds**.

Mais notre exemple de l'Homme-Sable montre aussi l'influence dans son parcours de certaines circonstances et même de la société dans son ensemble, laquelle n'a pas manqué de le priver d'un père et d'une certaine égalité des chances. D'où le fait que le super-vilain s'en trouve en partie « excusé » (comme l'indique l'étymologie : *excusare* vient de « ex causa » – mettre hors de cause). Cela est tellement vrai que dans *Spider-Man*, certains scénaristes ont choisi d'imaginer que le personnage de Marko finirait par mettre ses pouvoirs au service du Bien (poursuivant l'idée d'une *autre* attitude de l'individu dans des circonstances *autres*). Tout cela nous invite donc à quitter le champ du physique pour aborder le Mal sous un autre angle : le social.

QUAND LA SOCIOLOGIE ENTRE EN JEU : DES AS DE L'ASOCIABILITÉ

Une étiquette qui colle à la peau

Une « mauvaise réputation » marginalise souvent les super-vilains et rend toute reconversion impossible. Quoi qu'ils fassent, ils suscitent la méfiance. « La misérable fumée de la réputation fait trop d'ennemis, et empoisonne trop la vie[5] », écrivait Voltaire. Après des années de crimes, certains super-vilains qui souhaiteraient se ranger ont bien du mal à le faire par la pression de leur

5. Voltaire, *Lettre à un membre de l'académie de Berlin*, 1752.

environnement proche et lointain, ou alors leur réinsertion n'est pas prise au sérieux.

On le voit dans la série *Suicide Squad* par exemple, baptisée du nom d'un groupe d'intervention secret monté par l'acariâtre agent gouvernemental Amanda Waller pour des missions de sécurité intérieure jugées trop dangereuses pour l'armée américaine. Pour ce faire, elle réquisitionne les plus grands criminels de l'univers DC incarcérés à la prison de Belle Reve moyennant des aménagements de peine. Dès l'un des tout premiers numéros de la série dédiée à l'équipe, Batman intervient, sceptique. Alors qu'il s'est infiltré dans le QG de Waller et de ses recrues, et qu'il est en train de mettre la main sur les dossiers des super-vilains en phase de reconversion, sa présence est détectée et sa petite enquête interrompue :

> — C'est quoi ton problème, Batman ? l'interpelle Waller.
>
> — Mon problème, Mrs Waller, c'est votre escadron suicide. Le gouvernement conspire à remettre en liberté de véritables dangers publics, des dangers que plusieurs citoyens dont je fais partie, costumés ou non, se sont efforcés de mettre en cabane. [...] Vous n'êtes qu'une parodie de justice, vous espérez vraiment que je vous laisse faire ?

— Notre action est nécessaire, même si nos méthodes sortent du cadre institutionnel, exactement comme toi.

Amanda Waller et Batman, *Suicide Squad*, vol. 1, #10, 1988.

Chez Marvel cette fois, Spider-Man nous offre un bel exemple de préjugé défavorable (plus communément appelé « délit de sale gueule »). Dans l'arc narratif *Fallen Son*[6], sorte d'épilogue à la saga *Civil War*, Peter Parker est chatouillé par son sens d'araignée alors qu'il se recueille sur la tombe de son oncle Ben. Averti de la présence de son ennemi le Rhino à quelques mètres, il fond sur le vilain sans dire ni bonjour, ni merci. En retour, le Rhino s'écrie, stupéfait : « Qu'est-ce que tu fais là ? Pourquoi tu ne me laisses pas tranquille ? » Et pour cause : il s'était rendu au cimetière cette nuit-là dans le seul but de se recueillir sur la tombe de sa mère. Ce qui signifie que Spider-Man lui tombe dessus alors même que, pour une fois, le vilain se tenait à carreau, et qu'il méritait peut-être qu'on lui fiche la paix cinq minutes, deuil oblige. D'autant que le combat provoqué par le héros finira par briser la stèle de la mère du Rhino…

6. *Fallen Son*, Marvel, 2007.

Et le héros n'en est pas à son coup d'essai, puisqu'il s'en était déjà pris au mauvais type au mauvais moment. Morbius, vampire/super-vilain victime des expériences du terrible Doctor Paine, parvient à s'échapper et se lance à la poursuite du scientifique... Sauf que Spider-Man intervient et le neutralise, l'empêchant de mettre un terme aux agissements du savant fou. Pour une fois que Morbius comptait rendre service à la communauté ! « Ignorant, tance-t-il, tu viens de laisser s'échapper un monstre ! [...] Sais-tu combien d'innocents vont souffrir par ta faute ? » En effet, Spider-Man n'en sait rien. Il a vu un méchant, il lui est tombé dessus... comme d'habitude, quoi !

Un nom qui annonce la couleur

Première des étiquettes sociales, le patronyme semble en effet peser sur le personnage, quand on voit que nos chers vilains répondent aux doux noms de Morbius (« morbus » signifiant en latin « maladie » ou « état morbide ») et son camarade de jeu Docteur « Douleur ». À ce niveau, ne soyons pas naïfs : il s'agit avant tout pour l'auteur de produire un effet d'annonce tel que ceux évoqués au début du livre, car inutile d'être un expert en anagrammatomancie[7] pour sentir que des types dénommés Sinestro, Atrocitus ou Victor von Doom[8] vont mal tourner…

Stan Lee raconte d'ailleurs qu'il a parfois imaginé un patronyme sinistre qu'il a placé dans des jurons ou allusions de ses personnages, bien avant de mettre en scène ou en images la créature concernée. « Dormammu fut probablement le premier vilain que nous avons exploité avant même de l'avoir véritablement créé, explique-t-il dans *Bring on the bad guys*[9]. […] Nous avons utilisé son nom pendant des mois comme si tout le monde le connaissait. Je mettais dans la bouche de Dr Strange des formules du type "Par le pouvoir de l'Abominable Dormammu". Nous [n'y] faisions pas référence […] pour ce que ça voulait dire mais plutôt pour la sonorité ! »

---

7. Popularisée par Halbert d'Angers au XIXe siècle, cette méthode divinatoire ludique est basée sur une idée beaucoup plus ancienne : nos prénom et nom de famille ne seraient pas dus au hasard. Il suffirait de mélanger leurs lettres pour essayer de créer d'autres mots (l'ajout d'un ou deux caractères étant possible), lesquels seraient significatifs de notre personnalité et de notre destin.

8. *Doom* signifie en anglais « destin tragique », le petit nom français du vilain étant l'opportun « Docteur Fatalis ».

9. *Bring On the Bad Guys*, Marvel, 1976.

Et les amateurs de comics ont dernièrement eu le bonheur de voir ce vilain apparaître au cinéma dans le long-métrage *Doctor Strange*, dans lequel une secte d'illuminés aux yeux cernés, menée par le sorcier Kaecilius, tentait de faire advenir son règne sur Terre. Les malheureux étant convaincus d'obtenir par là l'immortalité du genre humain, ils nous obligent à examiner une nouvelle catégorie de vilains pas si vilains.

L'illuminé, qui fait le Mal pour le bien de sa communauté

Ce type de super-vilains s'avère particulièrement intéressant parce qu'il peut parfois basculer du bon côté. Capable de tout sacrifier au service d'une cause, il est toujours sur le fil entre super-héros et super-vilain : son combat est au départ altruiste et motivé par ce qu'il perçoit comme un *préjudice naturel* (la condition mortelle de l'espèce humaine pour Kaecilius) ou une *injustice sociale* (la mise au ban des mutants pour Magneto). Sauf que cette cause le pervertit presque inévitablement, aveuglé qu'il est par le désir de victoire ou la colère que génèrent les obstacles.

Magneto présente bien cette ambivalence : il ne commet pas directement le mal *pour le mal*, mais pour le bien de ses congénères mutants.

Stan Lee, son créateur, ne l'a d'ailleurs jamais tout à fait catalogué comme un super-vilain : « Je ne l'ai jamais vu comme un méchant. Selon sa philosophie et sa façon de voir le monde, c'est même un gentil. [...] Il essaie de défendre les mutants, et parce que la société les traite injustement, il veut donner une leçon à la société. Bien sûr, il est dangereux, mais je ne l'ai jamais considéré comme un vilain, comme "mauvais[10]". » Magneto serait en réalité davantage comparable à un révolutionnaire qu'à un super-vilain. Car ayant connu les camps de la mort, il ne peut supporter que les mutants soient ostracisés, et encore moins les lois spécifiquement votées *contre eux*[11]. Mais ce combat louable, et comparable au mouvement des droits civiques aux États-Unis, se changera parfois (par exemple dans le film *X-Men*[12]) en une croisade impitoyable non plus *pour* les mutants mais *contre* les humains. Pire, ses méthodes le pousseront parfois à ressembler à ceux qu'il prétendait combattre. Quand on vous disait que c'était un personnage ambigu...

10. *Marvel Spotlight - Uncanny X-Men, 500 Issues Celebration*, Marvel, 2008.
11. Pour en savoir plus, voir l'épisode #05.
12. De Bryan Singer, 2000.

Une autre illuminée, chez DC Comics cette fois, est Poison Ivy[13]. Autrefois chercheuse, la belle rousse a été victime d'une tentative d'empoisonnement[14] (ou d'expériences malheureuses chez Neil Gaiman) qui l'a laissée immunisée contre tous les poisons, toxines, bactéries, etc. À la suite de quoi elle développe un rapport symbiotique avec le règne végétal, et embrasse une nouvelle cause : rendre aux lauriers ce qui appartient à César. Dans *Joker's Asylum,* la belle se jure d'un jour arrêter la déforestation et la mort programmée des plantes auxquelles elle se sent appartenir[15]. « *J'ai* des idées, mais *je suis* ma croyance », écrivait ainsi Nicolas Grimaldi[16]. C'est ce qui explique le manque de discernement qui finit par toucher Poison Ivy comme n'importe quel illuminé : parce qu'elle est *devenue* son combat, elle ne peut plus le regarder avec recul.

---

13. La *poison ivy* est une plante extrêmement irritante, communément appelée en français « herbe à puce ».

14. *Batman: Poison Ivy*, DC Comics, 1997. On trouve également une autre origine chez Neil Gaiman, *Secret Origins* #36, DC Comics, 1988.

15. *Joker's Asylum* vol. 1, #3, « Deflowered », DC Comics, 2008.

16. Nicolas Grimaldi sur les fanatismes, dans *Une Démence ordinaire*, éditions PUF, 2009.

On fait le point...

L'illuminé, super-vilain porté par une cause, est un « super-tangent », en ce sens qu'il semble osciller constamment entre Bien et Mal, super-héros et super-vilain.

Et si nous avons jusqu'ici évoqué les méfaits des deux personnages ci-dessus, nous tenions tout de même à leur rendre justice. Magneto finit quand même par sauver le monde dans le film *X-Men Apocalypse*, et endossera même le rôle du professeur Xavier[17] dans l'arc narratif *Age of Apocalypse*. Poison Ivy n'est pas en reste, puisque l'éco-terroriste recueillera des orphelins dans le Robinson Park de Gotham City dans l'arc *Batman : No Man's Land*. Ils sont quand même méchamment gentils parfois, vous ne trouvez pas ?

À part peut-être en amour, où notre belle plante n'hésite pas à user de ses charmes toxiques sur le mec d'une autre. En l'occurrence, Bruce

17. **! SPOILER ALERT !** Xavier est tué par son fils Legion qui visait Magneto. Ce dernier jurera alors de poursuivre le rêve de son éternel rival.

Wayne, alors en rencard de Saint-Valentin avec Selina « Catwoman » Kyle[18]. Aucun des deux ne se méfie de cette vendeuse de roses ambulante encapuchonnée qui pique Bruce d'une épine au passage. Quelques pages plus tard, le milliardaire est devenu le jouet de la super-vilaine, poussant Catwoman à sortir ses griffes. Ce qui nous invite à explorer un autre ressort social du mal.

Ils veulent toujours le jouet du voisin...

Un désir mimétique qui confine à la jalousie semble également caractériser bien des vilains. De manière plus générale, l'être humain apprend à parler, marcher et à se comporter par imitation de ses parents et éducateurs, c'est ce qui en fait un être mimétique et social. Et il en va de même pour le désir : les goûts et dégoûts de chacun sont le fruit d'un apprentissage. René Girard va mettre en évidence que c'est autrui (parents, pairs, modèles personnels ou médiatiques, etc.) qui oriente l'attention du sujet vers l'objet désiré. Il prend l'exemple suivant : mettez deux enfants devant un tas de jouets, ils vont vouloir le même alors qu'il y en a des dizaines. Pourquoi ? Parce

18. Batman, *A long Halloween*, DC Comics, 1999.

que le seul fait de l'intérêt du premier enfant pour *ce* jouet attire l'attention du second sur celui-ci. « La rivalité n'est pas le fruit d'une convergence accidentelle de deux désirs sur le même objet, écrit-il. Le sujet désire l'objet parce que le rival lui-même le désire. En désirant tel ou tel objet, le rival le désigne au sujet comme désirable. [...] Le désir est essentiellement mimétique, il se calque sur un désir modèle ; il élit le même objet que ce modèle. »

Orm, alias Ocean Master, le demi-frère d'Aquaman (DC comics) illustre bien ce processus, puisque dans la mini-série *Time And Tide*[19], il tombe amoureux de la même Terrienne que son aîné, Kako, au point de faire une crise de colère quand il réalise qu'elle a entamé une relation avec Aquaman et de la rouer de coups (provoquant son amnésie). René Girard nous expliquerait que ce ne sont pas les qualités intrinsèques de la jeune femme qui lui valent l'amour des deux prétendants, mais que c'est le désir d'Aquaman qui rend Kako désirable aux yeux d'Orm. Spinoza avait déjà compris le mécanisme lorsqu'il écrivait : « Nous ne désirons

19. Épisode #4, DC Comics, 1994.

pas une chose parce qu'elle est bonne, mais nous la jugeons bonne parce que nous la désirons[20]. »

Mais l'analyse girardienne va plus loin, en mettant en évidence le caractère intersubjectif du désir, c'est-à-dire l'intervention d'un modèle dans ce mécanisme : sans en avoir encore pleinement conscience, Orm veut être Aquaman en tant que ce dernier est doté de super-pouvoirs et héritier du trône de l'Atlantide, c'est pourquoi il est instinctivement poussé à désirer la même femme que lui.

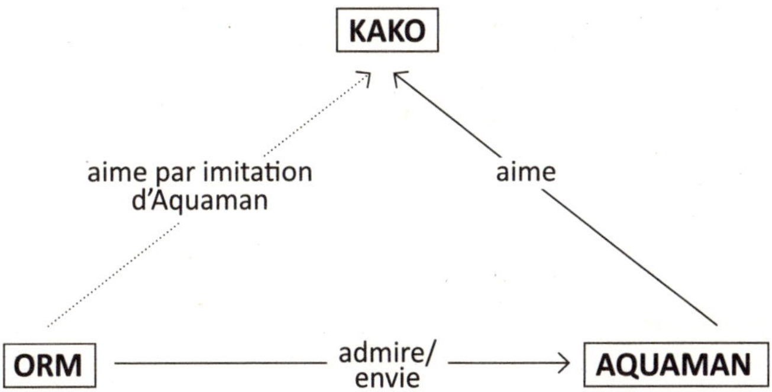

Des antagonismes entre héros et super-vilains peuvent également s'expliquer par ce mécanisme intersubjectif. C'est ce qu'avoue un Lex Luthor, enserré par le lasso de la vérité de Wonder

20. Baruch Spinoza, *Éthique*, 1677.

Woman : « La vérité… Ce que je veux vraiment, c'est être Superman[21]. » L'Amazone, décidément fine sociologue, accueille cette pseudo-révélation d'un « Évidemment ! ». Et le pire, c'est que ce genre de rivalités va pousser nos vilains au pire, leur attirant des ripostes de nos héros qu'ils vont ensuite ruminer, rancuniers, en préparant une contre-attaque ; si bien qu'il apparaît nécessaire de nous intéresser à un dernier mécanisme intersubjectif ou social.

Une soif de vengeance

C'est une motivation commune à bon nombre de super-vilains. Et elle est si importante qu'on n'est pas un vrai super-héros tant qu'on n'a pas aux fesses son « Revenge Squad » – ou ses « Revengers » dans le cas des Avengers puisque, ben… Avengers était déjà pris, quoi.

Cette nature cyclique et infinie du désir intersubjectif de vengeance, ultra-dangereuse pour le groupe/la société, se trouve condamnée chez Hegel qui, dans les *Principes de la philosophie du droit*, analyse que « le droit qui prend la forme de la vengeance constitue […] une nouvelle offense,

21. *Blackest Night* #7, DC Comics, 2008.

[si bien qu'il] n'est senti que comme conduite individuelle et provoque, inexpiablement, à l'infini, de nouvelles vengeances[22] ». René Girard souscrit à cette analyse lorsqu'il écrit, dans *La Violence et le Sacré* : « La vengeance constitue donc un processus infini, interminable. Chaque fois qu'elle surgit en un point quelconque d'une communauté, elle [...] risque de provoquer une véritable réaction en chaîne aux conséquences rapidement fatales [...]. C'est pourquoi la vengeance fait partout l'objet d'un interdit très strict. »

Les risques de la vengeance pour la société sont très bien mis en scène chez DC comics, avec Black Manta. Ce super-vilain de premier plan n'a de cesse de vouloir venger la mort de son père, provoquée par Aquaman. David est en effet un mercenaire qui, comme tout un chacun, chasse des trésors avec son paternel le week-end pour occuper son temps libre. Un jour, les deux hommes se mettent en tête de récupérer une goutte du sang d'Aquaman pour prouver que l'Atlantide existe. Mais le père du héros va s'interposer et mourir à l'issue du combat, mettant en mouvement ce « cycle » du talion (voir encadré dans l'épisode #05). Aqua-

22. Georg Wilhelm Friedrich Hegel, *Propédeutique philosophique*, 1809-1811.

man, aveuglé par son désir de vengeance, tuera par erreur le père de David. Ce dernier deviendra alors Black Manta, un vilain dont le seul but est de tuer Aquaman pour venger la mort de son père. La vengeance entraîne donc la vengeance qui entraîne la vengeance…

C'est précisément ce caractère infini du cycle de la vengeance qui est illustré dans la série *Flash*, lorsque le héros prend sa revanche sur le super-vilain Zoom en l'emprisonnant dans une « anomalie temporelle » l'obligeant ainsi à revivre éternellement l'événement le plus traumatique de son histoire. Et puisque nous abordons l'idée de « traumas », il devient impératif d'aborder l'aspect psychologique de la question.

QUAND UN PASSAGE SUR LE DIVAN S'IMPOSE : LE REGARD DU PSY

Une dynamique psychique : le retour de la vengeance

Nous venons d'examiner les implications sociales de la vengeance, mais ce désir est également un ressort psychologique, notamment étudié par une grande psychanalyste du nom de Karen Horney. La chercheuse germano-américaine a mis en évidence des fonctions que remplissait le désir de vengeance dans la dynamique psychique d'un individu en souffrance. Cette pulsion servirait selon elle à procurer une forme d'autoprotection contre l'hostilité extérieure autant que l'hostilité interne (culpabilité, etc.), mais aussi à rétablir l'orgueil blessé. C'est assurément cette dernière motivation (soigner une blessure narcissique) qui lance le Revenge Squad, un groupe de super-vilains revanchards, adversaires d'un Spider-Man volontiers moqueur, qui se sentent humiliés de leurs défaites. Comme lorsque Gibbon s'énerve : « Arrête de rire ! Je ne supporte pas qu'on se moque de moi[23] ! »

Chez les patients concernés, Karen Horney analyse que la « compulsion à la vengeance » peut devenir « la passion dominante d'une vie ; tout lui est subordonné, même l'intérêt personnel. Toute l'intelligence, toutes les forces sont rassemblées dans un seul but : le triomphe de la vengeance[24]. » Pensons par exemple à Sabretooth[25] qui traque chaque année Wolverine pour son anniversaire.

---

23. *The Spectacular Spider-Man*, #246, Marvel, 1997.
24. Article de Karen Horney, « The value of vindictiveness », *American Journal of psychoanalysis*, 1948.
25. Voir ci-après, « Des problèmes de filiation ».

Cette envie de revanche peut ainsi devenir l'obsession et la boussole d'un super-vilain s'estimant lésé par un super-héros.

Karen Horney reconnaît également deux autres fonctions au désir de vengeance : celles d'offrir le plaisir d'une revanche mais aussi de maintenir refoulé le sentiment que l'existence du sujet n'a plus de sens. Black Manta (toujours lui, décidément) ira dans l'arc *Forever Evil*[26] jusqu'à pourchasser le Crime Syndicate qui a tué Aquaman, lui dérobant *sa* revanche soit le « sens de sa vie » (son unique motivation et seul plaisir possible) : « C'était TOUT ce que je voulais et ils me l'ont pris ! Alors je ne vais leur laisser AUCUNE chance. »

Évoquer ce dernier super-vilain caractériel coiffé d'un scaphandre surdimensionné nous invite à considérer une autre composante psychologique majeure du Mal : l'ego. Surtout quand on sait qu'être prétentieux se dit en anglais comme en français : « *to get big-headed* » (littéralement « attraper la grosse tête »).

26. *Forever Evil*, DC Comics, 2014.

Un ego surdimensionné

Ce trait psychologique caractérise également beaucoup de vilains, dont certains le portent même dans leur nom. C'est le cas d'un certain Alexander (surnommé Lex, soit « la loi ») qui va développer, face à Superman, la folie des grandeurs. Mais Kingpin, Sinestro, Oswald Cobblepot (alias le Pingouin) placent eux aussi tous leurs désirs (et plus particulièrement leur désir de puissance) au-dessus de ceux des autres.

Le documentaire *Necessary Evil,* consacré aux super-vilains de l'éditeur DC, décrit bien ce profil lorsque Andrea Latamendi, docteur en psychologie clinique à l'UCLA, présente Luthor comme « relevant des personnalités narcissiques avec un sentiment de supériorité, notamment intellectuelle, qui le pousse à penser qu'il mérite mieux que son prochain, dans la mesure où il "vaut mieux que lui" ». Ce à quoi l'auteur Brian Azzarello ajoute : « Luthor s'est hissé au sommet de l'Humanité, s'efforçant de devenir le plus fort, et arrive un extraterrestre qui le dépasse. »

On trouve déjà chez Platon une analyse de ces puissants égocentriques, bien décidés à réaliser leurs désirs au mépris de tous. Au IXe livre de *La République*, **Socrate présente l'homme tyrannique comme celui qui commande à tous, *sauf à***

***ses propres désirs* qui le possèdent et le dirigent**. Paradoxalement, Platon dépeint ainsi l'âme du tyran comme *l'esclave* de ses passions intérieures, lubies et craintes de complot[27]. Grâce à une maïeutique (voir Socrate et son super-pouvoir dans la galerie des personnages) et à une analogie entre l'âme et la cité, le super-philosophe fait observer à son interlocuteur la servitude psychique de toute personne narcissico-tyrannique, dans la mesure où elle se laisse guider par ses désirs de façon pathologique. Kant qualifie quant à lui cette immodération passionnelle de « maladie de l'âme » : « On voit facilement que les passions [...] portent la plus grande atteinte à la liberté, et que si l'émotion est une ivresse, la passion est une maladie, qui résiste à tous les moyens thérapeutiques [...]. L'émotion ne porte qu'une atteinte momentanée à la liberté et à l'empire de soi. La passion l'abandonne et trouve son plaisir et son contentement dans le sentiment de la servitude[28]. » Cette thématique de la maladie de l'âme est d'ailleurs reprise dans la série *Spider-Man* avec Electro, qui s'exclame, au cours de son deuxième casse de

27. Platon, *La République*.
28. Emmanuel Kant, *Anthropologie du point de vue pragmatique*, 1863.

banque : « Les bijoux, l'argent ! Peu importe tout ce que j'ai déjà volé, j'en veux toujours plus ! Et vu mes pouvoirs, personne ne peut s'y opposer[29] ! »

Quand on sait que le vilain a été abandonné enfant par son père, on peut se demander si cette soif insatiable de pouvoir et d'argent ne cache pas une carence affective.

Une généalogie pas géniale

Il s'agit d'une autre caractéristique classique chez les super-vilains. « Les racines du comportement des super-vilains plongent souvent dans leur enfance[30] », nous explique ainsi une encyclopédie Marvel. Et la psychologie a d'ailleurs un champ à part pour ces questions : *la théorie de l'attachement* formalisée par le psychiatre et psychanalyste John Bowlby. Son principe est qu'il est nécessaire pour un jeune enfant de développer une relation d'attachement avec au moins une personne qui prend soin de lui de façon cohérente et continue (nommée le « *caregiver* ») pour prétendre à un développement social et émotionnel stable. Ce « *caregiver* » pourra être un parent biologique ou

29. *The Amazing Spider-Man*, vol. 1, #009, « The man called Electro », Marvel, 1964.
30. *L'Encyclopédie Marvel*, Semics Archives, 2013.

non, comme le couple Kent qui adopte un bébé kryptonien voué à devenir Superman.

Car Kant (Emmanuel, pas Clark), sur les pas de Jean-Jacques Rousseau[31], dressait déjà clairement le constat que les animaux sont « déterminés, achevés, perfectionnés » par nature, contrairement aux hommes. « Par son instinct, un animal, dès qu'il naît, est déjà tout ce qu'il doit et peut être », alors que l'être humain n'est pas « parfait » en naissant, ni même « tout ce qu'il doit et peut être », mais « perfectible » et donc (dans le cas des super-vilains) faillible. « L'homme ne peut devenir homme que par l'éducation. Il n'est que ce que l'éducation fait de lui [...]. C'est au fond de l'éducation que gît le grand secret de la perfection de la nature humaine[32]. » Et l'imperfection du super-vilain, serait-on tenté d'ajouter.

Avant même de parler de transmission des valeurs, il s'agit de reconnaître l'importance d'un sentiment de sécurité et d'affection minimal dont bon nombre de super-vilains orphelins se trouvent partiellement ou totalement privés (Red Mist, Harry Osborn, Flag Smasher, les frères

31. Dans son *Discours sur l'origine et les fondements de l'inégalité parmi les hommes*, 1755.
32. Emmanuel Kant, *Réflexions sur l'éducation*, 1803.

Lobo…), quand ils ne s'avèrent pas des « super-orphelins » (soit les ultimes survivants d'une race décimée), telle Gamora au service de Thanos. À cette maltraitance par négligence, on pourra ajouter la maltraitance « active » (coups, humiliations, vexations, etc.), ce qui nous amène à une autre caractéristique fréquente des super-vilains.

Une enfance traumatisante

Certains jeunes gens embrassent encore une brillante carrière de super-vilains après des traumas endurés dans leur enfance. On pense bien sûr à Magneto mais surtout à Sabretooth, Dents-de-sabre en français, un autre super-vilain de l'univers *X-Men*, ennemi juré de Wolverine qui a connu des premières années pour le moins difficiles, puisqu'il les passera enchaîné dans un sous-sol. Victor Creed de son vrai nom y sera régulièrement battu et maltraité par un père qui cherche manifestement à éradiquer la partie animale de son fils, en lui arrachant par exemple régulièrement les canines. Le jeune homme s'échappera en se rongeant la main (puisque sa mutation lui garantit un pouvoir de guérison) et ne manquera pas de tuer son père par la même occasion.

D'autres personnages en souffrance physique et psychologique vont même sombrer dans la folie. De nombreux super-vilains vivent ainsi dans une psychose (post-traumatique le plus souvent) tel Harvey Dent, alias Double Face. Dans un épisode signé Andrew Helfer et Chris Sprouse[33], on comprend qu'avant même d'être défiguré par de l'acide (au cours de ce même épisode, par un criminel du nom de Maroni), ce procureur est un être instable qui souffre de cauchemars et qui entend des voix, *par suite des mauvais traitements infligés par son père*. Harvey défiguré, une seconde personnalité depuis longtemps refoulée gagne du terrain et notre ami devient *double*, au point de dire « nous » et de devoir tirer à pile ou face ses décisions. L'une de ses premières sorties de super-vilain consiste d'ailleurs à se rendre à la maison de retraite de son paternel (en partie responsable de ses tourments, donc) pour régler ses comptes, à la faveur de la nuit :

> — Quel vilain cocard, Harvey ! (*Ndr : Ok la pièce est sombre mais bon, soit le père euphémise franchement, soit l'âge l'a rendu complètement myope.*) Laisse bien cicatriser tout ça, si jamais ça peut se remettre… Tu t'es encore battu ? Qui t'a fait ça ?

---

33. *Batman Annual* #14, « The Eye of the Beholder », DC Comics, 1990.

— Toi, Papa.

— Qu'est-ce que tu racontes ? Ça fait une paye qu'on s'est pas vus...

— Non, ça date d'il y a des années, d'un jeu auquel on jouait [...] on y jouait quasi tous les soirs. Tu gagnais toujours... *Nous* perdions tout le temps...

Harvey Dent et son père, dans *Batman Annual* #14, DC Comics, 1990.

Au lecteur d'imaginer les sévices, donc (indice : ils ne parlent pas de Monopoly) et d'en tirer la conclusion qui s'impose : la folie – bientôt criminelle – d'Harvey Dent, le double maléfique qui le « hante » proviennent d'un double traumatisme : sa défiguration récente à l'acide et une enfance maltraitée. En bref, la philosophie doit reconnaître que la souffrance physique et psychologique altère le jugement de l'individu et qu'il va parfois s'en trouver poussé au Mal. Mais ce n'est pas le seul ressort psychologique...

L'apathie ou le sadisme

L'absence de réaction ou le plaisir devant le spectacle de la souffrance d'autrui poussent eux aussi les individus au Mal, comme le souligne Axel Kahn lorsqu'il analyse le comportement moral. « Sans émotion, pas de sensibilité morale possible, pas de plaisir à la suite d'une action bonne, ni déplaisir à la suite d'une action mauvaise. [Or] quelqu'un qui n'éprouve pas de satisfaction quand il agit bien n'agit pas de la sorte, il agira seulement selon son intérêt. Celui qui n'est nullement affecté de s'être comporté comme un franc salaud n'en éprouve aucune émotion désagréable, voire – cas des pervers – en éprouve une durable jouissance, a toutes les chances de récidiver[34]. »

On fait le point…

L'indifférence, voire le plaisir, face à la souffrance produit des vilains que nous qualifierons par les termes de pervers ou de **sadiques**.

Les vilains de ce genre sont légion dans les comics. On pense à Carnage chez *Spider-Man,* un *serial killer* qui fusionne avec le symbiote Venom, décuplant son penchant pour le mal ; à Arcade, un super-vilain qui jouit du spectacle de ses victimes

34. Axel Kahn et Christian Godin, *L'Homme, le bien, le mal*, Éd. Stock, 2008.

qu'il enferme dans des parcs d'attraction diaboliques et mortels. Mais surtout, chez DC cette fois, évoquons James Gordon Jr, fils unique[35] du célèbre commissaire éponyme, allié de longue date du Chevalier Noir. « Il n'a jamais fait aucun doute que quelque chose était différent chez lui... que quelque chose n'allait pas », se souvient Gordon[36]. Et pour cause : le petit James ne pleure pas et ne joue pas avec les autres enfants. Mais surtout, il développe très tôt des comportements antisociaux et même violents, comme lorsqu'il torture et dépèce des animaux « pour voir où se cachent leurs œufs[37] » sans empathie ni remords. Cela alertera Gordon, mais n'empêchera pas le garçon de passer à l'acte en faisant disparaître une bonne amie de sa sœur qui avait osé se moquer de lui. À la lecture du roman graphique *Black Mirror* (que nous vous recommandons chaudement), nous découvrons que le commissaire avait (bien sûr) raison...

---

35. Barbara Gordon est en réalité sa nièce dans certaines *timelines*, parmi lesquelles celle qui nous intéresse ici.
36. *The Black Mirror*, DC Comics, 2012.
37. Ibid.

* * * Supplément * * *

Mais pourquoi Dark Vador est-il aussi méchant ?

Même s'il est issu d'une mythologie à part, celle de la saga *Star Wars*, Dark Vador est **certainement la figure de vilain la plus marquante de ces quarante dernières années**. Figure d'autant plus marquante qu'il a fallu attendre plus de vingt ans (et une seconde trilogie décriée) pour avoir des clés d'explication de son comportement maléfique.

Et s'il est né sur grand écran, il a très vite rejoint l'univers des comics[38] pour asseoir un peu plus une réputation pour le moins… pittoresque. Ce qui tombe assez bien, car nous allons pouvoir

38. Chez Marvel dans un premier temps, mais surtout chez Dark Horse Comics, où des arcs narratifs comme *Vader's Quest*, *The Purge* (tout un programme…) ou encore *The Ghost Prison* lui seront consacrés.

vérifier par l'expérience ce que nous avons découvert jusqu'ici sur les super-vilains. Dark Vador étant le plus méchant des méchants : trouve-t-on dans son passé les facteurs mis en lumière précédemment ? C'est ce que nous allons voir, mais commençons par une présentation de ce vilain pas comme les autres.

Dark Vador, comme tout l'univers de *La Guerre des étoiles* dont il est issu, est né dans l'esprit de George Lucas. Un esprit fertile, certes, mais également très influencé, comme il l'admet bien volontiers. Pour imaginer la trame de son récit, ainsi que ses principaux protagonistes, le réalisateur s'est appuyé, entre autres, sur l'essai *Le Héros aux mille et un visages* de Joseph Campbell. Sur les bons conseils de ce dernier, il est allé puiser allègrement dans les grands récits épiques tels que la légende arthurienne[39]. Et c'est tout naturellement qu'il s'est inspiré de plusieurs cadors du Mal pour créer sa figure maléfique : de Doctor Doom[40] aux uniformes des soldats de l'armée allemande, en passant par la claustrophobie provoquée par

39. Pour plus de précisions à ce sujet, voir notamment le documentaire *Star Wars - Les origines de la saga*.

40. Cf. la section « *Quotes* » de la page de George Lucas sur le site imdb.com

la respiration de scaphandrier, on peut dire que George Lucas n'y est pas allé de main morte et nous a livré un méchant dont l'apparence ne laisse aucun doute quant à ses intentions. Le mec en noir n'est clairement pas là pour rigoler, et on comprend immédiatement qu'il en est même physiquement incapable. Reste le mystère des interrupteurs qu'il a sur la poitrine et dont on ne voit toujours pas quarante ans après à quoi ils pourraient bien servir… Mais laissons de côté pour l'heure cet épineux problème, et faisons plus ample connaissance avec ce monument du Mal.

Un nom funeste

Dark Vador est une adaptation, mais le nom de notre vilain dans sa version originale est *Darth Vader*. *Darth* est un mot-valise, composé des termes *Dark* et *Death* (signifiant respectivement « Sombre » et « Mort »), puis *Vader* est une abréviation de *Invader*, qu'on traduirait par « Envahisseur », pour apporter une ultime touche de gaieté à ce cocktail frais et printanier. La traduction française revient au terme Dark, plus facile à prononcer dans nos contrées, et remplace la terminaison de Vad*er* en Vad*or*, à l'aide du suffixe -or qu'on trouve dans *imperator*. Là encore, tout un programme…

Des problèmes de filiation

Le moins qu'on puisse dire, c'est que le jeune Anakin Skywalker a connu des problèmes de filiation. Lorsqu'on le rencontre pour la première fois dans l'*Épisode I*, il n'est encore qu'un enfant vivant seul avec sa mère sur la planète Tatooine. Mais alors, se demande Qui-Gon, un maître Jedi en mission dans le coin, où est son père, et qui est-il ? Réponse de sa mère : « Je ne lui connais pas de père… Je suis tombée enceinte, puis je l'ai mis au monde… Je ne peux pas l'expliquer[41]. » Une réponse qui aurait certainement laissé perplexes la plupart d'entre nous, mais qui satisfait le Jedi tant le petit semble avoir une accointance avec la Force inhabituelle pour son jeune âge. Il pourrait s'agir de l'Élu pense le Jedi, celui dont une prophétie annonce qu'il doit rétablir l'équilibre de la Force. Résultat : il embarque le jeune garçon, alors âgé d'à peine 9 ans, pour en faire son élève.

Un ego surdimensionné et une mauvaise gestion des désirs

Avant qu'il ne devienne Dark Vador, Anakin Skywalker (dont le premier métier était Jedi)

41. *Star Wars, Épisode I : La Menace fantôme*, un film de George Lucas, 1999.

nourrissait des désirs pour le moins insatiables : désir de puissance (celui de devenir « l'Élu » de la prophétie) et désir amoureux pour la belle Padmé, alors que sa confrérie prône le célibat. Il lui confie d'ailleurs « Je ne suis pas le Jedi que j'espérais, je veux plus et je sais que j'ai tort. » Ces appétits le rendent de plus en plus irascible à mesure que l'histoire avance, et précipiteront sa chute vers le côté obscur.

Une jalousie maladive qui ne dit pas son nom

Si l'on en croit l'intéressé, tout le monde jalouse ses pouvoirs. Dans l'*Épisode II*, après la mort de sa mère captive d'une tribu du désert, tragédie familiale qu'il n'a pu empêcher, la colère le pousse à se venger des nomades dans un bain de sang et à ensuite chercher un responsable : « Tout est la faute d'Obi-Wan, il est jaloux de mes pouvoirs, alors il me freine ! » (sous-entendu « dans ma progression et mon acquisition des techniques Jedi », au passage, on retrouve bien les fonctions du désir de vengeance étudiées par Karen Horney : ici, c'est clairement celle d'échapper à la culpabilité). Cela revient dans l'*Épisode III* lorsqu'il lance à Obi-Wan que le conseil des Jedi envie sa maîtrise aussi précoce de la force, une jalousie qui expliquerait selon lui le refus du conseil à transformer sa nomination d'auditeur libre (imposée par le Sénat) en titularisation comme maître Jedi habilité à participer aux prises de décisions. Mais ne serait-il pas lui-même en proie à cette jalousie qu'il croit sentir chez les autres ? Ce phénomène, appelé « projection » en psychanalyse, consiste pour une personne à se protéger de ses propres désirs ou sentiments (qu'ils soient interdits, refoulés, inavouables, pas très Jedi, etc.) en les prêtant aux autres.

Une soif de vengeance

Nous évoquions juste au-dessus le trépas de la mère d'Anakin, véritable point de bascule vers le « côté obscur de la Force » dans la trajectoire du jeune homme, puisqu'elle le pousse au massacre de *toute la tribu*. C'est ainsi la première fois que le jeune Jedi met son apprentissage au service d'intérêts passionnels, et non de la sécurité galactique... Car quand bien même cette tribu d'hommes des sables pose un problème de sécurité par les enlèvements de citoyens de Tatooine qu'elle opère, parfois mortels, cela ne justifie en rien l'éradication pure et simple de *tous ses membres* et l'exclusion péremptoire de toute perspective de redressement par des peines de prison ou autres. Et ce désir de vengeance est tellement fondateur pour la figure du super-vilain qu'il revient dès les premières pages du comics *The Purge*, suite directe de l'*Épisode III* consacrée à Vador, comme en témoigne cette conversation avec le nouveau mentor Palpatine :

« [Les Jedi] pourraient représenter un danger pour l'Empire.

— N'importe quoi […] ! Ton problème n'est pas les Jedi mais ton ancien maître Obi-Wan Kenobi, tu veux te venger de lui et de la souffrance qu'il t'a causée. Et c'est tout naturel, il t'a laissé pour mort… »

Dark Vador et l'empereur Palpatine, *Star Wars Purge*, Dark Horse comics, 2005.

Une souffrance psychologique et physique

Ce qui nous amène à la question des souffrances psychologique et physique : la première découle de la perte de sa mère puis surtout de sa bien-aimée Padmé. Ce drame, il l'a vu en rêve et redouté, si bien qu'il a commencé à s'intéresser au côté obscur de la Force, réputé permettre à ses adeptes de vaincre la mort. Et lorsque sa douce disparaît, Anakin devient un monstre implacable aux seuls ordres de Palpatine (il décime pour lui toute la population de l'école Jedi, enfants y compris) si bien que son ancien maître Obi-Wan part à sa poursuite, bien décidé à l'arrêter dans sa folie meurtrière. S'ensuit un duel sur la planète volcanique de Mustafar, au terme duquel Obi-Wan coupe les jambes et les bras d'Anakin, le laissant rampant et brûlé parmi les émanations sulfuriques de l'endroit, tout bonnement infernal. Palpatine le recueillera agonisant et le fera opérer pour lui offrir des prothèses, un dispositif d'assistance respiratoire, ainsi qu'une nouvelle armure. Noire évidemment, c'est moins salissant.

Une apathie face à la souffrance d'autrui

« Nous devions rappeler au public que Vador était mauvais et la façon la plus simple de le faire, c'était de lui faire tuer quelqu'un [le capitaine Needa, dès le début de l'épisode IV] devant tout le monde[42] », explique George Lucas. Dans la prélogie, l'homme devient un monstre en acceptant sans sourciller l'ordre de Palpatine de massacrer le temple Jedi et ses jeunes élèves, qu'il mène malheureusement à bien, comme le découvre avec horreur Obi-Wan sur un enregistrement de surveillance. L'ellipse dans le récit souligne le caractère monstrueux de la mission et la transformation qui est en train de s'achever chez Anakin.

42. *Making of* du film *L'Empire contre-attaque.*

C'est pourquoi, quand on le retrouve sous les traits de Dark Vador dans *L'Empire contre-attaque* où dans les bandes dessinées *Dark Horse*, l'accent est mis sur son indifférence à la souffrance d'autrui, voire sa cruauté : « Ces yeux noirs, se souvient l'un des clones Hock, pas le moindre signe d'émotion, aucune lueur d'humanité… ce regard va me hanter jusqu'à la fin de mes jours[43]. »

Pour conclure, on s'aperçoit que Dark Vador correspond à tous les traits caractéristiques du super-vilain. C'est pourquoi il est si effrayant, à l'instar d'un autre méchant de BD qui a inspiré George Lucas, le Dr Doom de l'univers Marvel.

Un nom funeste	Check ! √
Des problèmes de filiation	Check ! √
Un ego surdimensionné	Check ! √
Une mauvaise gestion des désirs	Check ! √
Une jalousie maladive	Check ! √
Une soif de vengeance	Check ! √

43. *Darth Vader & the cry of shadows* #5, Dark Horse Comics, 2013.

Une souffrance psychologique	Check ! √
Une souffrance physique	Check ! √
Une apathie face à la souffrance d'autrui	Check ! √

Ce qui rend Dark Vador aussi monumental et épique, c'est qu'il a la particularité d'être une figure tragique qui articule les trois types de Mal que la philosophie reconnaît traditionnellement, **à commencer par la dimension du mal physique,** et plus particulièrement sa forme ultime : la mort, contre laquelle il a en vain tenté de lutter. Anakin a en effet voulu sauver sa bien-aimée Padmé de sa mort qu'il voyait en rêve, ce qui lui a attiré encore plus de mal physique puisqu'il souffre désormais dans sa chair. C'est ce que symbolise le masque voué à dissimuler son visage défiguré, qu'on retrouvait déjà chez le Dr Doom de Marvel[44].

44. Pour admirer leurs jolis minois, on vous conseille les mini-séries *Secret Wars* chez Marvel, 2015, (le visage de Doom y est impressionnant) et *Darth Vader & the Lost Command*, notamment le #5, Dark Horse Comics, 2011. Notons que Doom articule lui aussi les trois types de Mal : s'il est défiguré, c'est à la suite de l'explosion de sa machine à voyager entre les dimensions, construite pour aller chercher l'âme de sa mère en enfer et la négocier

Mais **s'entrelace à ce mal physique le mal moral,** évidemment, puisque Vador commet et planifie les pires horreurs pour parvenir à ses fins. **Sans oublier le mal métaphysique sous la forme du côté obscur de la force,** sachant que chez Marvel, pour le Dr Doom, c'est Mephisto (le diable) qui joue ce rôle.

Au final, cette dernière remarque nous permet de conclure **qu'il y a dans l'univers *Star Wars* (des films et BD), comme dans les comics, un parti pris philosophique de positivité du Mal** (pour ces médias, il existe objectivement, voire s'incarne – comme avec Mephisto), ce qui n'empêche pas une grande conscience sociale des comics, et un certain réalisme sociologique comme psychologique.

---

auprès de Mephisto, alias le diable (figure du mal métaphysique) des comics Marvel.

> Vous avez déjà vu un type bien être perverti par l'appel de la méchanceté [...] Mais que se passe-t-il lorsqu'un méchant est pris d'un cas de conscience et fait volte-face ?[1]

To be continued...

Du noir au gris...

En définitive, les comics nous apprennent qu'il **n'y a pas *un* super-vilain mais *des* super-vilains, et qu'il existe des passerelles entre le Bien et le Mal.**

On l'a vu au terme de notre analyse des traits récurrents des super-vilains : la bande dessinée américaine développe une conception du mal « positiviste », en cela que le Mal au sens métaphysique constitue une force qui existe objectivement au point de s'incarner dans des super-vilains 100 %

1. Stan Lee, *Bring back the bad guys*, 2000.

maléfiques tels que Mephisto[2] ou Dormammu (souverain de la « *dark dimension* »).

Ce qui n'empêche pas, comme on l'a vu, un réalisme sociologique autant que psychologique, ainsi qu'une prise en compte d'enjeux physiques, socio-économiques et de dilemmes éthiques modernes, avec une gradation dans le Mal moral qu'on pourra qualifier à ce titre, avec Jean Nabert, d'anti-kantienne. D'après l'auteur français de l'*Essai sur le Mal,* « Kant se range du côté des rigoristes dans le refus d'admettre qu'il y ait un moyen terme entre la qualité d'une volonté moralement bonne, déterminée par le seul respect de la loi morale, et une volonté moralement mauvaise parce qu'elle admet d'autres motifs. » Au contraire du philosophe allemand, les comics nous apprennent que peu d'êtres (mis à part Dormammu ou Mephisto, donc) sont tout noirs ou tout blancs et qu'on peut revenir sur ses choix et se mettre à faire le Bien. Avouons que ce « Livre Noir » des super-vilains offre une belle palette de gris... Comme dans la vie en fait !

Avec des personnages comme Electro, l'Homme-Sable (et la rédemption que lui ont offerte certains

2. « Je suis l'âme même du Mal ! » s'écrie-t-il dans l'épisode #12 de la série *Thunderbolts*, Marvel, 2012.

scénaristes), Magneto, l'éco-terroriste Poison Ivy et bien d'autres exaltés, les comics nous offrent un nuancier riche de différentes figures du Mal (qui peuvent d'ailleurs se superposer), dont on pourra retenir les suivantes :

– **le médiocre**, en fait super-héros « qui ne fait pas tout le bien qu'il pourrait » (Wolverine, Hancock... voir épisode #04) et montre bien cette gradation du Bien vers le Mal ;

– **le pauvre bougre**, qui engendre la destruction faute d'une pleine maîtrise de ses super-pouvoirs (Electro) ou à cause d'une souffrance physique (Pyro) ;

– **le salaud**, qui fait le Mal pour son profit personnel – pouvoir, argent, plaisir – (le Pingouin, Dr Doom...) ;

– **le sadique**, qui fait le Mal parce que le spectacle de la souffrance d'autrui lui procure du plaisir (James Gordon Jr, Arcade...) ;

– **l'illuminé ou idéologue**, qui commet des crimes au nom d'une certaine idée du Bien (Magneto, Kaecilius, Poison Ivy...) ;

– **le diable et ses avatars** (Satan chez DC, Mephisto chez Marvel, Dormammu, Crâne Rouge, et même le Joker...), qui sont autant d'incarnations d'un mal métaphysique propre aux fictions et à certaines philosophies et religions.

Hannah Arendt & Stanley Milgram vs. Crâne Rouge

Lorsque, en 1941, un numéro de Captain America l'amène à combattre les nazis, on comprend bien les vertus de propagande d'un médium très populaire chez les jeunes Américains, soldats y compris. Mais notre super-héros a très vite affaire à un adversaire peu banal : Crâne Rouge, qui aurait été entraîné par Hitler en personne pour devenir « le nazi parfait ». Le personnage apparaît d'abord comme couvert d'un masque rouge en forme de crâne. Mais à la fin des années 1960, celui-ci est devenu son vrai faciès et le vilain est désormais à la tête d'une cellule fictive des nazis encore plus maléfique : Hydra. Le personnage, d'apparence proprement démoniaque, a vaincu la mort et se tourne vers l'occultisme (cherchant à s'approprier le « cube cosmique ») pour parvenir à ses fins. On doit donc reconnaître toute la mythification (à grands renforts de « broderies diaboliques ») que les auteurs de Marvel ont opérée à partir d'un canevas historique. Un peu comme s'ils avaient dessiné des cornes et un trident sur les portraits d'Hitler dans leurs livres d'histoire.

Sauf que, parallèlement à cela (dès le milieu des années 1960), il se passe exactement l'inverse dans le monde de la philo et des sciences humaines. Une vingtaine d'années après la guerre, **on commence à se poser la question du nazisme en termes de mal et de lâcheté *ordinaires***. Ce ne sont plus Hitler et les hauts dignitaires qui intéressent les intellectuels, mais tous les fonctionnaires moyens qui tamponnaient des ordres de déportation. Dans son livre *Eichmann à Jérusalem* (1963), la philosophe Hannah Arendt, couvrant le procès du nazi coordinateur des déportations et de l'extermination de la population juive, développe l'idée d'une « banalité du mal ». Tous les criminels nazis n'étaient ainsi pas des fous sanguinaires ou aveuglés par le fanatisme, comme le montre aussi l'historien Christopher Browning dans son ouvrage *Des Hommes Ordinaires* (1994), mais parfois juste des moutons. Qui sont les exécutants de la « Solution finale » ? De quelle façon des hommes simples, parfois bons pères de famille, sont-ils devenus des meurtriers de masse ?

De nombreux hommes et femmes se sont en effet contentés d'obéir par lâcheté, voire par automatisme et conformisme, ce que mettra en lumière le psychologue social Stanley Milgram, sorte de *sidekick* spirituel avoué d'Hannah Arendt. Ce dernier élabore la théorie d'un « comportement agentique », lequel se révèle le vrai contraire de l'héroïsme à la Captain America, (voir l'épisode #04) et consiste à se contenter d'obéir aux ordres sans remettre en question leur bien-fondé : de se comporter comme un simple « agent ». Le très bon film *Experimenter* de Michael Almereyda, en 2015, montre l'ingéniosité des protocoles expérimentaux de Milgram. En particulier la fameuse « expérience de Milgram », qui confronte un cobaye à une autorité lui demandant d'envoyer des décharges électriques à un inconnu. Milgram a constaté que 66 % du millier de personnes testées obéissaient à ces demandes **au mépris de leurs intuitions morales et au risque de tuer un inconnu**.

Finalement, Captain America[3] est-il réellement l'adversaire le plus dangereux de Crâne Rouge ? Ne serait-ce pas plutôt la team Hannah Arendt & Stanley Milgram ?

---

3. **! SPOILER ALERT !** : dont le vilain aura finalement la peau au terme de l'arc *Civil War* !

Au terme de notre analyse, il semblerait que certains facteurs motivent l'action de façon récurrente. Mais peut-on déduire de ces caractéristiques la justification d'un mal *nécessaire* ? Nos super-vilains étaient-ils condamnés à le devenir ? En fait, non.

Tout d'abord car expliquer n'est pas excuser, selon la formule bien connue, et comprendre n'est pas défendre, comme nous le confirme bien le sociologue Max Weber : « Non seulement tout comprendre ne veut pas dire tout pardonner, mais en général la simple compréhension de la position de l'autre ne nous conduit pas d'elle-même à l'approuver[4]. »

Mais surtout parce que les super-vilains, en tant qu'ils sont des hommes – ou plus exactement des êtres conscients d'eux-mêmes et de leurs actions, les super-vilains n'étant pas tous à proprement parler « humains » – se caractérisent par une liberté irrévocable ; cette liberté si chère à Kick-Ass et Jean-Paul Sartre et tellement primordiale que nous avons été amenés à l'évoquer dès l'épisode #01. La preuve ? **De nombreux super-héros partagent les traits que nous avons mis en lumière sans pour autant verser dans le crime.**

4. Max Weber, *Essais sur la théorie de la science*, 1922.

★ **Certains héros présentent eux aussi des problèmes de filiation**, tel Bruce Wayne qui a tout de même vu ses parents se faire abattre devant lui lorsqu'il était enfant. Il aurait très bien pu se dire : « C'est pas juste, j'ai plus de parents, je vais tuer tous les parents du monde. » Pourtant, il met ce traumatisme au service d'une cause juste en se jurant qu'aucun enfant n'aurait plus jamais à subir une telle horreur.

★ **Le désir mimétique peut également être vertueux et tirer quelqu'un vers le haut :** c'est lui qui poussera Harold « Happy » Hogan à embrasser une carrière de super-héros – à mi-temps, certes, mais tout de même ! Embauché comme chauffeur par Tony Stark avec lequel il se liera d'amitié, cet ancien boxeur ne fera pas qu'un mariage heureux avec l'ex de son patron mais enfilera surtout le costume d'Iron Man lorsque Stark est trop occupé pour sauver le monde.

★ **La souffrance physique et psychologique est un trait partagé par de nombreux super-héros.** Dans le roman graphique *Killing Joke*, Barbara Gordon (fille du célèbre commissaire et Batgirl occasionnelle) se fait tirer dans la colonne vertébrale par le Joker puis prendre en photo nue dans des positions inconvenantes. Lourd traumatisme : elle en ressort paralysée et forcément meurtrie psychologiquement. Néanmoins, elle n'en devient pas super-vilaine pour autant, mais continue une action de justicière masquée sous le nom d'« Oracle ».

Vous trouverez d'ailleurs dans ce dernier ouvrage une preuve définitive que ces facteurs ne *suffisent* pas à expliquer une carrière de super-vilain : le Joker va soumettre le commissaire Gordon à une série de tortures mentales pour le pousser au Mal et montrer à Batman que les vilains ne sont que des êtres ayant trop souffert des injustices de la vie... pour un résultat peu concluant, que nous vous laisserons apprécier.

Point Flash

Tous les critères de souffrance, de profils psychologiques et de facteurs socio-économiques vus auparavant ne pourront pas nous permettre d'excuser complètement nos super-vilains.

Conclusion

Qui peut encore nous dire que les super-héros ne sont pas de grands philosophes ?

Certainement pas nous ! Car, nous l'avons vu, il existe quantité de super-héros éminemment philosophes. Chacun à sa manière, bien sûr : depuis le personnage qui se questionne sur son existence, comme le Surfeur d'Argent, à l'aveugle Daredevil qui nous invite à interroger nos perceptions, en passant par le lasso de Wonder Woman qui nous permet d'enquêter sur la Vérité.

Mais on trouve également des philosophes dont les théories entrent en résonance avec nos super-héros favoris. L'existentialisme de Sartre trouve en chaque justicier (et surtout en Kick-Ass) un exemple éclatant d'une personne qui se définit constamment par ses actes. La pensée de Schopenhauer se voit elle aussi brillamment illustrée, cette fois par Green Lantern et son super-pouvoir de la Volonté.

À l'arrivée, c'est quoi, la philo des super-héros ?

C'est une philosophie plus subtile qu'il n'y paraît. On peut par exemple s'étonner de la rigueur morale d'un Captain America, indocile alors que les gens l'imaginent volontiers comme un défenseur aveugle de l'impérialisme américain. On a vu qu'il n'en était rien, et que le héros était un adepte de la désobéissance civile de John Rawls.

C'est également une philosophie de l'action, une « mise en actes » des délibérations morales qu'impliquent des responsabilités *politiques*, c'est-à-dire qui concernent la collectivité. C'est ce que nous rappellent, entre autres, les dilemmes moraux auxquels sont constamment soumis nos héros.

Comme nous l'avons vu enfin, les comics mettent en scène un mal qui existe positivement, mais dont les causes et les formes d'existence offrent un nuancier riche, subtil et réaliste sur les plans social comme psychologique.

The End ?

Pour l'heure, oui, malheureusement. Et c'est non sans une certaine émotion que nous mettons la dernière main à ce livre qui nous aura captivés et, nous l'espérons, vous aura enthousiasmés. Pourtant, il reste beaucoup de thématiques philosophiques à traiter avec les super-héros. Depuis la mort, souvent passagère dans les comics, à la science de nos vilains docteurs, en passant par l'Histoire dans la série *1602* chez Marvel, le langage chez Groot et l'Inhumain Black Bolt, ou encore le rire du Joker, très présent également (quoique sous une autre forme) chez les Gardiens de la Galaxie, Deadpool et Spider-Man.

Néanmoins nous ne pouvions pas tout dire... mais surtout, il fallait bien vous en laisser un peu ! Car maintenant que vous êtes vous aussi un super-philosophe, il ne fait aucun doute que vous saurez à votre tour mesurer à quel point les grandes théories philosophiques trouvent un écho tout particulier chez vos héros préférés.

Alors, à vos comics, et à vous de jouer !

Super-bonus !

★

Test

Quel tandem de super-philosophe/héros êtes-vous ?

Qu'est-ce que l'homme ?

▲ Dieu n'existant pas, il n'y a pas de « concept » de l'homme (puisqu'il n'y a pas de concepteur). En l'absence de nature humaine, chaque individu est donc tel qu'il se fait et se choisit.

● L'homme est un être social, ou un « animal politique ».

■ L'homme ressent de la peine (de la culpabilité) lorsqu'il agit mal, et du plaisir lorsqu'il agit bien. Ce qui le distingue des animaux, c'est donc son sens moral.

Je suis paresseux, et alors ?! On ne se refait pas !

■ La paresse intellectuelle, comme la lâcheté, est infiniment regrettable. Trop d'hommes vivent comme des « mineurs » de la pensée, s'en remettant systématiquement à des guides politiques ou moraux. Il faut au contraire tirer la leçon des Lumières et accéder à une « majorité » : s'émanciper en se donnant la peine de penser par soi-même.

▲ Bien sûr que si, « on se refait » : à chaque minute, et à chaque instant ! Lorsque je choisis de traîner au lit ou de m'épargner une besogne, ce n'est pas en vertu de ma nature, d'une essence préexistante. À travers mes actes, c'est moi-même qui me choisis paresseux !

● « Le travail tend au repos, et non pas le repos au travail. » Autrement dit : on travaille pour vivre, on ne vit pas pour travailler ! D'où l'utilité d'avoir des esclaves… Comment ça, l'esclavage a été aboli ?

Si je vous dis « Sixième sens », vous pensez…

● Je suis formel : nous n'avons que cinq sens… Et s'il y en a un sixième, c'est le sens-araignée de mon *sidekick.*

▲ Ces histoires de « sixième sens » sont de l'ordre de la superstition : elles correspondent à une peur d'assumer cette liberté énorme à laquelle l'homme est condamné, par la fable d'un destin tout tracé dont on pourrait avoir des intuitions. Inepties…

■ Le sens moral, évidemment !

Le temps, c'est…

▲ De la liberté.

■ Une catégorie de l'entendement : en gros, nous ne pouvons saisir la réalité autrement que de façon temporelle. Mais ça ne signifie pas que le temps existe.

● « C'est le nombre du mouvement selon l'antérieur et le postérieur » : il faut du mouvement physique et une âme qui le mesure pour qu'il y ait du temps.

Dire la vérité…

■ C'est un devoir moral inconditionnel. « Car le mensonge nuit toujours à autrui : même s'il ne nuit pas à un autre homme, il nuit à l'humanité en général et il rend vaine la source du droit. »

● « C'est dire que ce qui est, est, et que ce qui n'est pas, n'est pas. »

▲ « La condition pour que la vérité soit, c'est la perpétuelle possibilité de la refuser. » Voir et dire la vérité, ça se décide. C'est pourquoi celui qui se trouve dans l'erreur est toujours responsable de son ignorance.

Vous êtes sur un pont sous lequel va passer un tramway incapable de freiner, se dirigeant sur cinq ouvriers situés de l'autre côté du pont.

Que faites-vous ? Expert en tramways, vous savez qu'un moyen sûr d'arrêter un tel véhicule est de placer un objet très lourd sur sa route. Or à vos côtés, sur le pont, se tient un homme obèse, penché au-dessus de la voie pour regarder le tramway. Tout ce que vous avez à faire est de le pousser légèrement pour qu'il tombe sur les rails et bloque le véhicule fou dans sa course. Que faites-vous ?

▲ L'individu ne peut jamais échapper à cette liberté du choix et cette prise de conscience est pesante et angoissante. Ce refus d'assumer sa liberté provoque un processus d'aliénation, c'est-à-dire que l'individu va devenir étranger à lui-même en se conformant aux normes attendues des autres ou à celles d'institutions religieuses. Il doit pourtant accepter ses responsabilités...

● L'homme obèse est-il un esclave ? Bon, de toute façon, mon *sidekick* bondit sur le trolley et essaye de le freiner en se servant de ses toiles d'araignée pour le ralentir.

■ Impossible de nous servir de cet homme de cette façon ! Il faut toujours considérer autrui comme une fin, jamais seulement comme un moyen. Et cet impératif moral est universel, chacun le ressent au fond de lui !

La technique nous éloigne-t-elle de la nature ?

● Non, il est dans la nature de l'homme d'utiliser des outils, dont la main qui est le premier d'entre eux. D'ailleurs, avec ses petites mains, mon *sidekick* s'est bricolé de chouettes lanceurs de toile.

▲ Les technologies de l'information et de la communication nous rendent quand même assez inauthentiques, un peu comme ce garçon de café qui joue un rôle, avec des formules convenues, peu naturelles, celles qu'on attend de lui. Mon *sidekick* me préoccupe d'ailleurs, avec son rapport aux vidéos de lui sur Youtube…

■ Non, chez l'homme, « l'invention des moyens de se couvrir et de pourvoir à sa sécurité et à sa défense (pour cela, la nature ne lui a donné ni les cornes du taureau, ni les griffes du lion, ni les crocs du chien, mais seulement les mains), tous les divertissements qui peuvent rendre la vie agréable, même son intelligence et sa prudence et aussi bien la bonté de son vouloir doivent être entièrement son œuvre. La nature semble même avoir trouvé du plaisir à être la plus économe possible… »

Qu'est-ce qui vous rend heureux ?

■ L'enjeu n'est pas d'être heureux, mais de se rendre digne du bonheur.

● On rencontre le bonheur en concrétisant nos spécificités d'êtres humains, c'est-à-dire quand on agit de façon raisonnée. De plus, le rapport à l'autre, et notamment l'amitié sont des éléments importants pour y parvenir.

▲ Le bonheur, c'est les mots… la lecture et l'écriture, qui me permettent de me (re)définir, « ressuscitant de mes cendres », de muer mon obscurité en lumière. Livre ouvert « Je fulgure, j'éblouis ». Pour mon *sidekick*, c'est la lecture aussi…, mais des comics.

RÉSULTATS

Vous avez une majorité de ronds : vous êtes l'équipe Aristote/Spider-Man

Vous pensez que l'être humain articule une âme végétative (qui le rapproche des plantes et correspond à une faculté à échanger avec son milieu), une âme sensitive (qui le rapproche des animaux) et une âme intellective, grâce à la raison. Pour vous, la nature de l'homme est aussi de vivre en société, c'est pourquoi vous voyez d'un bon œil les exploits de l'Homme-araignée, votre *sidekick* protecteur de la cité.

Vous avez une majorité de triangles : vous êtes l'équipe Sartre/Kick-Ass

Ce qui définit l'homme selon vous, c'est son absolue liberté. D'ailleurs, il peut décider d'être soit super-philosophe, soit super-héros. Vous êtes convaincu qu'il suffit juste de travailler dur pour y arriver. D'ailleurs, vous détestez les vilains avant tout pour leur *mauvaise foi*.

Vous avez une majorité de carrés : vous êtes l'équipe Kant/Wonder Woman

Quel drôle de duo vous formez : le charme allemand et la rigueur amazone… à moins que ce ne soit l'inverse. Pour vous, la vie est essentiellement une question de valeurs et de rectitude morale, c'est pourquoi vous ne supportez pas le mensonge. Vous philosophez avec un dévouement qui confine à l'austérité, et votre entourage vous admire… mais vous le fatiguez aussi parfois par votre intransigeance. Vos ennemis jurés ? Les utilitaristes et Arès, dieu olympien de la guerre.

Galerie des personnages

Les super-philosophes

★ **Aristote** (384-322 av. J.-C.)

Vécut en Macédoine, à Atarnée, Athènes, et dans plusieurs cités grecques d'Asie Mineure (Assos, Lesbos…)

Missions : Construire une somme de connaissances dans toutes les disciplines (biologie, astronomie, physique), basée sur l'observation et l'expérimentation. Fonder la logique et explorer les trois champs de l'activité humaine : la création (ou art), la pratique (ou morale) ainsi que la théorie (ou science).

Super-pouvoir : La logique.

Ennemi juré : L'idéalisme de Platon, dont il a pourtant été l'élève (« Platon m'est cher, mais la vérité m'est encore plus chère », écrit-il dans l'*Éthique à Nicomaque*, I, 4).

Particularités : Métèque, Aristote suit la vie politique (et philosophe sur la cité et la justice) sans pouvoir y participer directement. Il fut pourtant le précepteur d'Alexandre le Grand et a créé sa propre école : le Lycée. En Occident, il fut oublié puis redécouvert au Moyen Âge. Parmi les quelque 170 ouvrages mentionnés dans l'Antiquité, seuls 47 nous sont parvenus.

Œuvres majeures : *Traité de l'Âme*, *Éthique à Nicomaque*, *Organon*...

Devise : « L'homme est un animal politique. »

★ **Descartes, René** (1596-1650)

Vécut à Poitiers, à Paris, en Allemagne et en Hollande, au Danemark ou encore à Stockholm, où il est mort (la reine de Suède, fan de philo, l'y avait invité à sa cour).

Costume : Robe d'avocat (sa formation initiale).

Missions : L'épistémologie, la métaphysique, la physique, l'optique, les mathématiques, la morale, la psychologie et la biologie.

Super-pouvoirs : Une méthode scientifique, qu'il expose dans le *Discours de la Méthode*. Et le doute hyperbolique.

Ennemi juré : Malgré les points communs de leur pensée, le philosophe Pascal. En 1647, Descartes déjà savant renommé rencontre l'étoile montante Pascal et, apparemment, ça se passe mal… On parlera de « meilleur ennemi », donc, façon Professeur Xavier/Magneto.

Particularité : Un adjectif a été créé à partir du nom de Descartes, « cartésien ». Il qualifie quelqu'un doté d'un esprit rationnel.

Œuvres majeures : *Méditations métaphysiques, Discours de la Méthode.*

Devise : « Je pense donc je suis » (« *cogito ergo sum* »).

★ **Épicure** (341-270 av. J.-C.)

Vécut à Samos, Athènes, Mytilène…

Costume : Toge.

Missions : Guérir les hommes de leurs maux, corporels et spirituels, les affranchir de leur peur des dieux, de la douleur et de la mort.

Super-pouvoir : Il sait admirablement résumer sa pensée et adapte son discours à ses destinataires en leur résumant lui-même par courrier l'essentiel de sa doctrine, dans un souci de leur donner les moyens d'appliquer ses idées vite et bien.

Ennemis jurés : Les stoïciens et les sceptiques (Timon de Phlionte, sceptique, est le premier à le traiter de « cochon »).

Particularité : Contrairement au Lycée d'Aristote ou à l'Académie de Platon, le « jardin d'Épicure » accueillait des femmes et se voulait une école fermée sur l'extérieur, sa clôture symbolisant le repli qu'exige la sagesse du maître. Fondé sur un idéal « autarcique » de la communauté, elle avait aussi pour fonction de fournir à ses membres une partie de leur nourriture, d'où son surnom de « jardin » (potager). Ces éléments ont participé à la mauvaise réputation d'Épicure.

Œuvre majeure : *Maximes capitales*

Devise : « Vis caché. »

★ **Freud, Sigmund** (1856-1939)

Vécut à Vienne.

Costume : Barbe blanche, cigare, veston avec chaînette de montre à gousset.

Mission : Donner au monde une nouvelle discipline médicale : la psychanalyse.

Super-pouvoirs : La *talking cure* sous hypnose (une méthode thérapeutique qui consiste à faire raconter au patient, placé sous hypnose, des événements traumatiques et enfouis de son passé pour qu'il s'en libère par la parole), l'interprétation des rêves, lapsus et actes manqués.

Meilleur ennemi : Son ancien disciple puis collègue Carl Gustav Jung, autre figure majeure de la psychanalyse.

Particularité : Il a révolutionné la conception du psychisme humain : on lui doit la théorie de l'inconscient et du refoulement, le complexe d'Œdipe, la théorie du transfert...

Œuvres majeures : *Introduction à la psychanalyse, Totem et Tabou, Malaise dans la civilisation, Psychopathologie de la vie quotidienne*...

Devise : « Le Moi n'est pas maître dans sa propre maison. »

★ **Galileo Galilei, dit Galilée** (1564-1642)

Vécut à Pise.

Super-gadget : La première lunette astronomique de l'Histoire.

Mission : Comprendre les lois de la nature, par-delà nos perceptions.

Super-pouvoir : Les mathématiques.

Ennemis jurés : Aristote et l'Église.

Particularité : A changé notre façon de voir la science. Freud considérait également qu'avec Copernic ils avaient tous deux infligé à l'Humanité « une grande blessure narcissique », celle de réaliser que nous ne sommes pas au centre du système solaire.

Œuvre majeure : *Dialogue sur les deux grands systèmes du monde.*

Devise : « Et pourtant elle tourne ! » (« *E pur si muove !* », phrase que Galilée *aurait* marmonnée en 1633 après avoir été forcé devant l'Inquisition d'abjurer sa théorie héliocentriste, considérée alors comme hérétique.)

★ **Kant, Emmanuel** (1724-1804)

Vécut toute sa vie à Königsberg (actuelle Kaliningrad).

Costume : Redingote et chapeau tricorne.

Missions : Répondre aux questions suivantes : « Que puis-je savoir ? », « Que dois-je faire ? », « Que m'est-il permis d'espérer ? », « Qu'est-ce que l'homme ? » Et pour cela, examiner les fondements de la morale, du jugement esthétique et de la connaissance (il met fin aux prétentions de la raison de connaître l'essence des choses et établit les limites de cette dernière).

Super-pouvoirs : La critique transcendantale, beaucoup de travail et une vie réglée comme du papier à musique.

Ennemi juré : La morale utilitariste.

Particularité : Ses derniers mots furent : « C'est bien » (déiste, il n'avait pas peur de la mort).

Œuvres majeures : *Critique de la raison pure, Critique de la raison pratique, Critique de la faculté de juger.*

Devise : « Agis uniquement d'après la maxime qui fait que tu puisses vouloir en même temps qu'elle devienne une loi universelle. »

★ **Nietzsche, Friedrich** (1844-1900)

Vécut à Röcken (près de Leipzig), Bonn, Bâle, Weimar, Naumbourg, Sils-Maria, Venise, Gênes...

Costume : Moustache proéminente.

Mission : Réévaluer les valeurs occidentales, délivrer l'homme du christianisme et faire advenir le « surhomme ».

Super-pouvoirs : Les aphorismes (« Celui qui écrit en aphorismes et avec du sang, celui-là ne veut pas être lu, mais appris par cœur ») ou encore le concept de « volonté de puissance ».

Ennemis jurés : Tous les dualismes (l'idéalisme socratique et chrétien...), mais aussi la folie, qui interrompra son œuvre fiévreuse : le 3 janvier 1889, sur la place Carlo-Alberto, à Turin, Nietzsche embrasse un cheval de fiacre qu'un cocher vient de frapper puis tombe sans connaissance. Il a perdu la raison et n'écrira plus, réduit à l'état végétatif.

Particularités : Son père était pasteur luthérien et Nietzsche a été un temps l'ami du compositeur Richard Wagner. Enfin, les nazis ont tenté de s'approprier sa pensée (ce qui fait toujours plaisir...), assistés en cela par la sœur de Nietzsche, qui a retouché certains textes après sa mort.

Œuvres majeures : *La Naissance de la tragédie, Ainsi parlait Zarathoustra, Aurore, Par-delà le bien et le mal, Le Gai savoir.*

Devise : « Deviens ce que tu es. »

★ **Ricœur, Paul** (1913-2005)

Vécut à Rennes, Châtenay-Malabry, Paris, Saint-Malo, Chicago...

Costume : Alors doyen de la faculté de Nanterre, il est coiffé d'une poubelle par un étudiant en 1970 alors qu'il avait défendu les élèves révolutionnaires les plus enragés (dont Cohn-Bendit) deux ans plus tôt, en mai 1968. Ce costume inopiné sera lourd de conséquences : pour maintenir la sécurité dans le campus, Ricœur demande l'intervention de la police, mais celle-ci matraque à tout-va. Une grève étudiante s'ensuit inévitablement, et dégénère : des blessés par dizaines et des millions de francs (c'était une autre époque) de dégâts matériels sur le campus. Paul Ricœur préfère démissionner.

Missions : Élaborer une phénoménologie de l'agir, du temps, et du sujet parlant, mais aussi une herméneutique en littérature. Paul Ricœur s'intéresse à tous les domaines : psychanalyse, politique, théorie littéraire, exégèse biblique, théories de la justice.

Super-pouvoirs : Une philosophie en prise avec la vie contemporaine. Des amphithéâtres bondés à la Sorbonne, puis Nanterre et l'étranger...

Ennemis jurés : Ceux qui lui rappellent son épisode pétainiste qu'il présente comme un « moment de désarroi ».

Particularités : Orphelin de père et de mère (comme Bruce Wayne). Il a aussi longtemps enseigné au département de philo de l'université de Chicago.

Œuvres majeures : *Philosophie de la volonté, Soi-même comme un autre, Temps et Récit*...

Devise : « Expliquer plus pour comprendre mieux. »

★ **Rousseau, Jean-Jacques** (1712-1778)

Vécut à Genève, Paris...

Costume : Perruque poudrée.

Missions : Développer une pensée politique et une théorie de l'éducation mais aussi une œuvre littéraire (*Julie ou la Nouvelle Héloïse, les Confessions*, etc.).

Super-pouvoir : La théorie du Contrat social.

Ennemis jurés : Voltaire et d'Alembert, les autorités religieuses...

Particularités : Il a abandonné ses enfants (c'est Voltaire qui l'a fait savoir, en publiant anonymement *Le Sentiment des citoyens*), mais s'est permis d'écrire un traité d'éducation : *L'Émile*. Il a inspiré la Révolution française et inventé l'autobiographie.

Œuvre majeure : *Du Contrat social.*

Devise : Après 1758, la formule *Vitam impendere vero* (« consacrer sa vie à la vérité ») qu'il reprend à Juvénal. Mais on se souvient surtout du proverbial « L'homme est né libre, et partout il est dans les fers ».

★ **Saint Augustin** (354-430)

Vécut à Thagaste (aujourd'hui Souk Ahras, aux confins de l'Algérie et de la Tunisie), Carthage, Rome, Milan...

Costume : Tenue ecclésiastique (il fut l'évêque d'Hippone).

Missions : Défendre l'idée que le salut de l'homme dépend de la grâce de Dieu et non de lui-même, malgré sa liberté. Réfléchir sur le Temps. Soutenir l'idée que le Mal n'est rien en lui-même, sinon la privation du Bien.

Super-pouvoir : « L'illumination divine » (inspiration mystique empreinte de platonisme et de plotinisme).

Ennemi juré : saint Jérôme : leur correspondance témoigne bien de leur rivalité.

Particularité : Il fut séduit par la secte des manichéens, qu'il fréquenta pendant presque neuf ans. Puis il s'intéressera à diverses doctrines, mena une vie de fête, et chercha les honneurs. Mais une crise mystique l'amena à se convertir au christianisme. Il devint docteur de l'Église, l'un des quatre « Pères de l'Église d'Occident » avec saint Ambroise, saint Jérôme et Grégoire Ier. Il a donné une première version du cogito (« si je me trompe, je suis ») qui a inspiré Descartes.

Œuvres majeures : *Les Confessions, La Cité de Dieu.*

Devise : « Se vider de tout ce dont on est plein, se remplir de tout ce dont on est vide. »

★ **Sartre, Jean-Paul** (1905-1980)

Vécut à Paris.

Costume : Lunettes à double foyer.

Mission : Créer l'existentialisme athée.

Super-pouvoirs : Une écriture prolifique et une popularité extrême (son œuvre et sa personnalité ont marqué la vie intellectuelle et politique de la France de 1945 à la fin des années 1970).

Ennemi juré : Le déterminisme.

Particularités : Un engagement politique fort aux côtés du Parti communiste et de courants gauchistes. À l'origine de la revue *Les Temps modernes*, il a aussi beaucoup contribué à la création du journal *Libération*. Compagnon de la philosophe Simone de Beauvoir, il apparaît dans le roman *L'Écume des jours* de Boris Vian, sous le nom « Jean-Sol Partre ».

Œuvres majeures : *L'Être et le Néant*, *L'existentialisme est un humanisme.*

Devise : « L'homme est condamné à être libre. »

★ **Schopenhauer, Arthur** (1788-1860)

Vécut heureux à Dantzig, en France, en Angleterre mais surtout à Francfort où il mourut.

Costume : Rouflaquettes, barbe et coupe de cheveux à la Wolverine.

Mission : Dévoiler le drame de l'existence : « La vie n'est plus une force douce qui se répand à travers les choses, c'est une volonté aveugle qui se déchire elle-même, sans avoir un moment conscience que celui qu'elle veut anéantir, c'est encore elle-même sous un autre visage. »

Super-pouvoirs : Son concept de *volonté* (l'essence du monde est un Vouloir unique, indéterminé) et le pessimisme.

Ennemi juré : Hegel, qu'il considère comme un « charlatan plat, sans esprit » dont la théorie n'est selon lui qu'une « colossale mystification », « le verbiage le plus creux », « le plus grand encrassement possible des intelligences ».

Particularités : Vivait en solitaire, avec sa chienne Atma. A inspiré Nietzsche et Freud.

Œuvre majeure : *Le Monde comme volonté et comme représentation.*

Devise : « De tous les mondes possibles, notre monde est le pire qui soit. »

★ **Socrate** (470/469-399 av. J.-C.)

Vécut à Athènes.

Costume : Barbe, toge.

Mission : Se libérer et délivrer les autres des fausses apparences, préjugés et opinions.

Super-pouvoir : Maïeutique (l'art d'accoucher les esprits par le dialogue).

Ennemis jurés : Les sophistes.

Particularités : Réputé pour sa laideur. Socrate n'a jamais rien écrit lui-même, et sa pensée nous est parvenue *via* les écrits de son disciple Platon. Héros de la guerre, il a sauvé Alcibiade pendant le siège de Potidée. Considéré comme un « fauteur de trouble » dans la Cité, il a été condamné à l'empoisonnement.

Œuvre majeure : *Apologie de Socrate* (de Platon, donc).

Devise : « Connais-toi toi-même et tu connaîtras l'univers et les dieux » (reprise du fronton du sanctuaire d'Apollon).

★ **Spinoza, Baruch** (1632-1677)

Vécut en Hollande, notamment à Amsterdam où il est né, et à La Haye où il est mort.

Costume : Toge percée. Élevé dans la communauté juive d'Amsterdam, Spinoza est repéré par son enseignant rabbin qui l'incite à pousser ses études des Textes sacrés et de la grammaire hébraïque. Mais brutalement (et les biographes ne savent pas vraiment pourquoi), Spinoza est exclu par un *herem* de la communauté juive d'Amsterdam. L'histoire raconte même qu'un extrémiste aurait cherché à le poignarder, et que Spinoza en aurait gardé la toge percée toute sa vie.

Missions : Dévoiler une partie de la vérité (convaincu d'œuvrer pour le monde, il demandera à ce que l'*Éthique* paraisse sans nom d'auteur) et montrer aux hommes qu'il faut conformer leurs idées à l'ordre du monde pour être heureux.

Super-pouvoir : Une conception immanente de la Nature/Dieu, qui constituent pour lui une seule et même essence.

Ennemis jurés : Tous les philosophes et les théologiens qui ont longtemps méprisé le Hollandais, ses ouvrages ayant tous été mis à l'Index. L'*Éthique*, qui ne sera imprimé qu'après sa mort en 1670 (sous son nom, et pas anonymement, comme il l'avait demandé), sera interdit de circulation par l'Église jusqu'aux révolutions du XIXe siècle.

Particularité : Au XVIIIe siècle, dans les cercles de penseurs, l'insulte de « spinoziste » était un synonyme d'hérétique.

Œuvre majeure : *Traité théologico-politique, Éthique, Traité de la réforme de l'entendement.*

Devise : « *Deus Sive Natura* » (Dieu, c'est la Nature).

Les super-héros

★ **Batman** (Bruce Wayne)

Créé en 1939 par Bob Kane et Bill Finger.

Costume : Combinaison sombre et extrêmement résistante, lui permettant de se dissimuler dans l'obscurité et d'encaisser la plupart des chocs.

Mission : Terroriser les vilains qui terrorisent les habitants de Gotham City.

Super-pouvoir : Gadgets Hi-tech.

Ennemis jurés : Le Joker, Harvey « Double Face » Dent, Le Pingouin, Mr Freeze.

Meilleure ennemie : Catwoman.

Particularité : A fait du 6e Commandement (« Tu ne tueras point ») un des motifs de son action, à travers la règle dite du « *no killing* » qu'il s'impose. Pourtant, Batman a tué bien des vilains dans ses premières aventures...

Première apparition : *Detective Comics* #27.

Devise : « Je suis la vengeance, je suis la nuit, je suis Batman. »

★ **Captain America** (Steve Rogers)

Créé en 1941 par Joe Simon et Jack Kirby.

Vit à Brooklyn.

Costume : Combinaison aux couleurs du drapeau américain, bouclier en vibranium.

Mission : Défendre les valeurs de la liberté et de la démocratie.

Super-pouvoirs : Force et endurance surhumaines.

Ennemis jurés : Crâne Rouge, Hydra, Arnim Zola, Sin, Le Soldat de l'hiver.

Particularité : Donne un coup de poing à Hitler sur la couverture de son premier numéro.

Première apparition : *Captain America Comics* #1 (1941).

Devise : « Si c'est mal, peu m'importe que tout le pays pense que c'est bien. »

★ **Daredevil** (Matt Murdoch)

Créé en 1964 par Stan Lee et Bill Everett.

Costume : Combinaison rouge, canne d'aveugle qui se change en bâton de combat.

Mission : Défendre les innocents, le jour comme avocat, la nuit comme justicier.

Super-pouvoirs : Perceptions sensorielles surhumaines (y compris un sens « radar » pour compenser sa cécité), maîtrise des arts martiaux.

Ennemis jurés : Le Kingpin, Bullseye, Mary Typhoid, L'Homme Pourpre (alias Killgrave), La Main.

Particularité : A récemment recouvré la vue le temps d'un épisode de la série *Superior Iron Man* (vol. 1, #3).

Première apparition : *Daredevil* #1 (1964).

Devise : « Mon nom est Daredevil, souviens-t'en... Car tu l'entendras à nouveau, je te le promets ! »

★ **Docteur Je-Sais-Tue** (*Doctor Smart'assassin*)

Créé en 2017 par Élodie Denis et Jonas Mary.

Costume : T-shirt arborant *Neon the Unknown*, un super-héros obscur dont personne n'a jamais entendu parler (comme son nom l'indique).

Mission : Faire savoir au monde qu'il sait tout sur tout, en s'assurant dans le même temps que ses connaissances restent le privilège d'une caste d'« élus » dont il fait partie.

Super-pouvoirs : La mauvaise foi, l'ergotage.

Ennemi juré : « les noob », ces insupportables profanes.

Particularités : Ne fait rien par lui-même, mais a toujours quelque chose à redire sur le travail des autres. Se plaint constamment que sa bande dessinée favorite ne soit pas connue, puis la méprise quelques semaines plus tard au motif qu'elle est trop connue.

Œuvre majeure : « La nostalgie, c'était mieux avant ! », un post passionnant sur le forum 15-18 du site jeuxvideo.com, dans lequel il explique que les héros de son enfance ont été dénaturés par les grosses productions hollywoodiennes.

Devise : « Pfff, ils n'y connaissent rien : Batman n'est absolument pas un super-héros, c'est un détective ! »

★ **Green Lantern** (Hal Jordan, entre autres)

Créé en 1959 par Julius Schwartz, avec une première incarnation en 1940 n'ayant pas grand-chose à voir avec le Green Lantern moderne.

Costume : Combinaison vert et noir, lanterne verte de la Volonté et sa bague. À noter que dans certaines itérations, il n'a pas besoin d'enfiler son costume, qui se matérialise sur lui dès qu'il porte la bague.

Mission : Protéger le secteur 2814 (partie de l'univers qui lui est attribuée) contre les forces du Mal, au premier rang desquelles le pouvoir jaune de la Peur.

Super-pouvoirs : Grâce à la bague des Green Lantern (et une volonté de fer), peut voler et matérialiser ses pensées.

Ennemis jurés : Nekron, Atrocitus, Larfleeze, Parallax.

Meilleur ennemi : Sinestro.

Particularité : Green Lantern désigne une fonction, celle de « gendarme intergalactique ». Aussi des personnages comme Batman ou Superman ont-ils eux aussi, quoique brièvement, enfilé le costume de Green Lantern.

Première apparition : *All American Comics* #16 (1940), et *Showcase* #22 (1959) dans sa forme actuelle.

Devise : « En plein jour ou dans la nuit noire/ Nul mal n'échappe à mon regard/Que ceux qui devant le mal se prosternent/Craignent la lumière des Green Lantern ! »

★ **Hellboy** (Anung Un Rama)

Créé en 1993 par Mike Mignola.

A vécu en enfer, et dans la base du BPRD au Nouveau-Mexique.

Costume : Imperméable et cornes démoniaques limées à ras.

Mission : Combattre les forces du Mal.

Problème : Une prophétie annonce qu'il viendra sur Terre... pour la détruire.

Super-pouvoir : Résiste au feu.

Ennemis jurés : Raspoutine, Baba Yaga, Samael, Karl Ruprecht Kroenen.

Particularité : Fils d'une humaine et du démon Azzael, il a passé une bonne partie de son existence en enfer. Invoqué sur Terre au cours d'une séance d'occultisme qui tourne mal, il deviendra super-héros alors qu'une prophétie annonçait que sa venue signerait le début de l'Apocalypse.

Devise : « Sans la Lumière qu'on apporte, les Ténèbres l'emportent. »

★ **Hulk** (Bruce Banner)

Créé en 1962 par (je vous le donne en mille) Stan Lee et Jack Kirby.

Costume : Ses vêtements déchirés.

Mission : Ne pas s'énerver, ne pas s'énerver, ne pas s'énerver...

Super-pouvoirs : Doté d'une force surhumaine, il est également extrêmement résistant (on l'aura notamment vu survivre à une bombe atomique dans l'arc *World War Hulk*...).

Ennemis jurés : Lui-même, Maestro, Tyrannus, Abomination.

Particularité : Hulk est le principal vilain de l'arc *Old Man Logan*, dans lequel il est un chef de clan brutal et sans pitié.

Première apparition : *The Incredible Hulk* #01 (1962).

Devise : « HULK SMASH ! »

★ **Iron Man** (Tony Stark)

Créé en 1963 par Stan Lee, Larry Lieber, Don Heck et Jack Kirby.

Costume : Différentes combinaisons suréquipées et quasi indestructibles, le plus souvent rouge et or, lui conférant ses super-pouvoirs.

Mission : Défendre ses intérêts et ceux des États-Unis.

Super-pouvoirs : Selon la combinaison, vol (y compris dans l'espace), résistance aux coups, chocs et armes à feu, armes : mitrailleuses, roquettes, bombes...

Ennemis jurés : Le Mandarin, Whiplash, Iron Monger, Fin Fang Foom, M.O.D.O.K.

Particularité : Iron Man fait partie des « vilains » (sur le plan scénaristique) de l'arc *Civil War*, ce qui vaudra à Tony Stark un profond désamour des fans et des super-héros de l'univers Marvel pendant plusieurs années.

Première apparition : *Tales of Suspense* #39 (1963). On notera que cet épisode se déroulant en pleine guerre du Viêt Nam, le réalisateur Jon Favreau adaptera la scène en la transposant en Afghanistan dans le premier film *Iron Man*.

Devise : « C'est dans des moments comme celui-là que je réalise que je suis vraiment un super-héros. »

★ **Kick-Ass** (David Lizewski)

Créé en 2008 par Mark Millar et John Romita Jr.

Costume : Combinaison de plongée vert et jaune, tonfas (bâtons de combat japonais).

Missions : Se dresser devant l'injustice. Avoir 3 000 amis sur Myspace.

Super-pouvoir : Ne ressent plus la douleur depuis qu'il s'est quasiment fait briser la colonne vertébrale.

Ennemis jurés : « Bad guys », en français « les méchants ».

Particularité : Est devenu super-héros par « la combinaison parfaite de solitude et de désespoir ».

Devise : « Soyons honnête : on a tous rêvé d'être un super-héros une fois dans sa vie. »

★ **Magneto** (Max Eisenhardt)

Créé en 1963 par Stan Lee et Jack Kirby.

Costume : Combinaison rouge, cape violette et casque qui empêche le Professeur Xavier de lire dans ses pensées.

Mission : Rendre possible l'avènement des mutants, qu'il appelle « homo-superior » par comparaison aux « simples » humains.

Super-pouvoir : Peut manipuler les champs électromagnétiques par la pensée. Il peut donc manipuler le métal, jusqu'aux plus fines molécules présentes dans la terre, en agissant comme un aimant.

Ennemis jurés : les X-Men, les Sentinelles et les gouvernements humains.

Meilleur ennemi : le Professeur Xavier.

Particularités : A vécu l'enfer d'Auschwitz. A perdu sa femme et sa fille, victimes de la vindicte populaire. Est le père de Quicksilver et de la Sorcière Rouge, qu'il perdra également. Bref, a eu une vie mouvementée.

Première apparition : *The X-Men* #1 (1963).

Devise : « Il n'existe ni héros ni vilains. Juste ce que je veux, et comment je peux l'obtenir. »

★ **Silver Surfer** (Norrin Radd)

Créé en 1966 par Galactus... pardon, Jack Kirby.

Costume : Aucun costume (il est entièrement nu), et une planche de surf intergalactique argentée.

Mission : Choisir et préparer les mondes que son maître et créateur Galactus va dévorer.

Super-pouvoirs : Force et endurance surhumaines, sens très développés.

Ennemi juré : Ego la planète vivante, Le Collectionneur, Thanos, Dark Surfer.

Particularité : Bien qu'il n'ait pas davantage besoin de dormir que de boire, manger ou respirer, il pratique par moment la méditation dans le seul but de rêver.

Première apparition : *Fantastic Four* #48 (1966).

Devise : « Je ne suis pas un dieu. Je n'ai jamais créé la vie... Mais j'ai vécu, et ça me suffit. »

★ **Spider-Man** (Peter Parker)

Créé en 1962 par Stan Lee et Steve Dikto.

Vit à New York, dans le Queens.

Costume classique : Combinaison rouge et bleu, striée de motifs de toile d'araignée.

Super-pouvoirs : Peut grimper aux murs. Dispose d'une force, d'une endurance et d'une résistance surhumaines, ainsi que d'un « sens de l'araignée » qui le prévient du danger. Selon les itérations, peut secréter des toiles ou les lancer à l'aide d'un gadget.

Ennemis jurés : Le Bouffon Vert, Dr Octopus, Venom, Electro, Mysterio, Le Lézard, Le Rhino, Le Vautour (et d'autres animaux grotesques comme Le Kangourou...).

Particularité : A commencé ses activités de justicier à l'âge de 15 ans. Il en a gardé cette tendance à faire des blagues et à se moquer constamment, aussi bien de ses coéquipiers que des vilains.

Première apparition : *Amazing Fantasy* #15 (1962).

Devise : « De grands pouvoirs entraînent de grandes responsabilités. »

⭑ **Wolverine** (James Howlett, dit Logan)

Créé en 1974 par Len Wein, John Romita et Herb Trimpe.

Costume : Combinaison en Lycra jaune (curieusement absente des adaptations cinématographiques, allez savoir...).

Super-pouvoirs : Sa mutation lui confère une capacité de guérison quasi instantanée. Une greffe d'adamantium sur son squelette le rend littéralement indestructible. Il a également suivi un entraînement intensif aux arts martiaux au Japon.

Ennemis jurés : Dents de Sabre, Magneto, Apocalypse, Le Roi d'Ombre, Le Samouraï d'Argent.

Particularité : Est amnésique à cause de ses pouvoirs de guérison. Ils sont tels qu'ils « cicatrisent » les souvenirs traumatisants en les effaçant.

Première apparition : *The Incredible Hulk* #180, mais surtout #181 (1974).

Devise : « Je suis le meilleur dans mon domaine, mais mon domaine n'a rien de très sympa. »

★ **Wonder Woman** (princesse Diana de Themyscira, connue sur Terre comme Diana Prince)

Créée en 1941 par Charles Moulton.

Costume : Bustier de majorette, culotte aux couleurs du drapeau américain, bottes d'Hermès, diadème de princesse, lasso de la vérité et bracelets indestructibles.

Mission : Propager sur Terre les idéaux de son peuple amazone : paix, harmonie et vérité.

Super-pouvoirs : Force et résistance surhumaines. Elle peut forcer à la sincérité grâce à son lasso.

Ennemis jurés : Cheetah, Circe, Arès, Silver Swan, Apollon.

Particularité : Dans ses premières aventures, Wonder Woman était un bloc de glaise sculpté par sa mère, Hippolyte, auquel Aphrodite a donné la vie. Plus récemment, dans l'album *Earth One* (une remise à zéro des origines), sa mère lui avoue qu'elle est la fille naturelle d'Hercule.

Première apparition : *All Star Comics* #8 (1941).

Devise : « Tu prends les femmes pour des chochottes parce que tu ne connais pas leur vraie force. »

Les équipes

★ **Avengers**

Membres principaux : Captain America, Iron Man, Spider-Man, Hulk, Thor.

Ennemis jurés : Thanos, le Baron Zemo, Ultron.

Particularité : Ils ont même incité les super-vilains à monter des équipes du genre (Thunderbolts, Dark Avengers...).

Devise : « Nous ne serons jamais vaincus... car nous sommes les Avengers ! »

★ **Justice League of America**

Membres principaux : Superman, Batman, Wonder Woman, Green Lantern, Flash.

Ennemis jurés : Darkseid, la « Injustice League », La Société secrète des super-vilains.

Particularité : La Justice League of America est née des cendres de la première équipe de super-héros de l'histoire : la Justice Society of America (apparue dans les années 1940), dont les membres comptaient les anciennes incarnations de Flash, Green Lantern, etc.

Devise : « No fear ! », qu'on pourrait traduire (approximativement) en français par « Même pas peur ! »

★ **Les sophistes** (attention, super-vilains !)

Membres principaux : Protagoras, Gorgias, Calliclès.

Mission : Donner l'impression qu'ils ont raison, même quand ils ont tort.

Super-pouvoir : La rhétorique.

Ennemi juré : Socrate.

Devise : « L'Homme est la mesure de toute chose. »

★ **Les stoïciens**

Membres principaux : Épictète, Marc Aurèle.

Ennemis jurés : Les épicuriens et les néoplatoniciens.

Particularité : Leur nom a donné l'adjectif « stoïque ».

Devise : « Désire que les choses arrivent comme elles arrivent et tu seras heureux. »

★ Watchmen

Membres : Dr Manhattan, Le Comédien, Rorscach, Ozymandias, Spectre Soyeux II, Le Hibou II.

Ennemi juré : Moloch.

Particularité : Ils n'ont aucun super-pouvoir et des costumes, à l'exception du Dr Manhattan qui ne porte pas de costume et a tous les super-pouvoirs.

Devise : « Qu'est-il arrivé au rêve américain ? Il s'est réalisé, tu l'as devant toi. »

★ X-Men

Membres principaux : Wolverine, le Professeur Xavier, Cyclope, Storm, Beast.

Ennemis jurés : Magneto, Confrérie des (Mauvais) Mutants, les Sentinelles.

Particularité : Vivent dans l'école du Professeur Xavier, où les plus âgés instruisent les plus jeunes et leur apprennent à maîtriser leurs pouvoirs.

Devise : « *Mutatis Mutandis* » (locution latine signifiant « Ce qui devait être changé ayant été changé »).

Remerciements

Les auteurs tiennent à remercier chaleureusement :

Notre super-éditrice Clotilde Alaguillaume, Andry Rasoahaingo (alias Monsieur12) pour ses superbes schémas, Olivier Drago, Benjamin Rivière (alias Bhaine), Renaud Duhaut, Émilie Denis, Vincent Mondiot, Franck Richard et Paul Hernandez pour leurs retours et leur imagination intarissable (Doxa l'Explicatrice !), Guillaume Bourquin pour ses suggestions de lectures philo sur la question du Mal, *Noise Magazine*, Brigitte, Marie-Pierre et Lucilia pour leur patience, ainsi que les excellentes librairies Bédéciné à Toulouse et Refuge BD à Paris pour leurs précieux conseils.

Table des matières

Imprimé en France
par Normandie Roto Impression s.a.s.
61250 Lonrai
N° d impression : 1703392
ISBN : 978 2 36075 494 6
Dépôt légal : août 2017